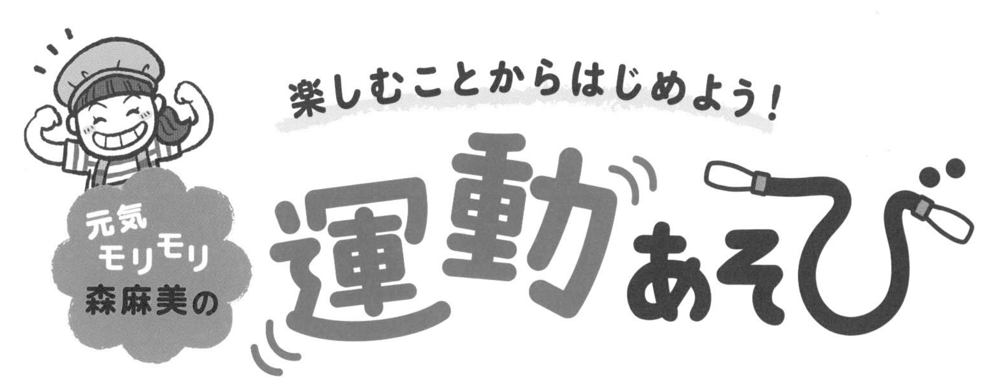

森 麻美／著

すずき出版

はじめに

私は、たいそうインストラクターです。

みなさんは、「体操」と聞いてどんなことを思い浮かべますか？　床やてつぼうをクルクルまわる体操競技や、長いリボンがすてきな新体操などでしょうか？　「体操」と聞くと、難しそうに感じる方もいるかもしれませんが、実は体操にはいろいろな種類があるのです。

私が日々子どもたちとあそびながら行っているのは、健康を促進するための体操で「一般体操」といいます。みなさんがよく知っている、「ラジオ体操」もそのひとつです。ちょっと親近感が湧きませんか？　「いつでも・どこでも・だれでも」簡単に行えるのが、一般体操の魅力です。そして「体操」とは、身体の成長発達を助長し、健康と体力（生命活動の基礎となる身体を動かす力のこと）を保持増進するための身体運動です。

「楽しむこと」からはじめれば、子どもたちが生涯にわたり身体を動かすことを好きになるのではないか？　基礎体力と危険回避能力・行動を調整する力（調整力）の向上を目指しながら、子どもたちの健康な心と身体づくりを応援したい！　身体を動かすことを楽しんでもらいたい！　運動について悩んでいる保育者のみなさんのお役に立ちたい！　という願いをのせて、この本をつくりました。

この本で紹介しているあそびは、たくさんの子どもたちや親子とつくり上げたあそびです。

子どもは、まねっこあそびが得意です。運動あそびは、ことばだけで伝えるよりも、動きを見せてあそび方を伝えるほうが子どもには理解しやすいでしょう。

保育者のみなさんが動きの見本を見せるとき、「失敗する姿を見せてはいけない」と思わずに、「できないわ〜！」という姿も子どもたちに見せてあげてください。保育者があきらめずに挑戦する姿は、子どもたちのやる気を引き出し、「失敗しても、また挑戦すればいいんだ！」と前向きな気持ちで取り組むことにつながると思います。

保育者ができない動きがあったとしても、子どもたちのなかにはその動きが得意な子もいるはずです。時に、子どもに先生役をお願いし、楽しい雰囲気づくりを演出しましょう。大切なことは、一緒に動いて楽しむことです。

この本を通して、みなさんと一緒に子どもたちの健やかな成長を願いながら、身体を動かす楽しさを共有し、日々の保育に少しでもお役に立てれば幸いです。

そして、一人でも多くの子どもたちが、「やったー！」「できたー！」という運動有能感を体感し、「もっとあそびたい！」と思えるきっかけづくりができればうれしく思います。

森 麻美

CONTENTS

★…あそびの難易度(詳細は7ページで説明しています)

本書のねらいと使い方

本書のねらい　あそびを通して身体を動かす喜びを味わう

本書の特長

特長1
園の遊具や身近なものを
使ってすぐにあそべる！

特長2
多様な動きを経験することで
行動を調整する力（調整力）を高める

特長3
やさしい動きから提案することで
「楽しい！」「やってみたい！」
という運動意欲を高める

特長4
「ねらい」や「運動効果」が
ひと目でわかるので
指導案が書きやすい！

構成

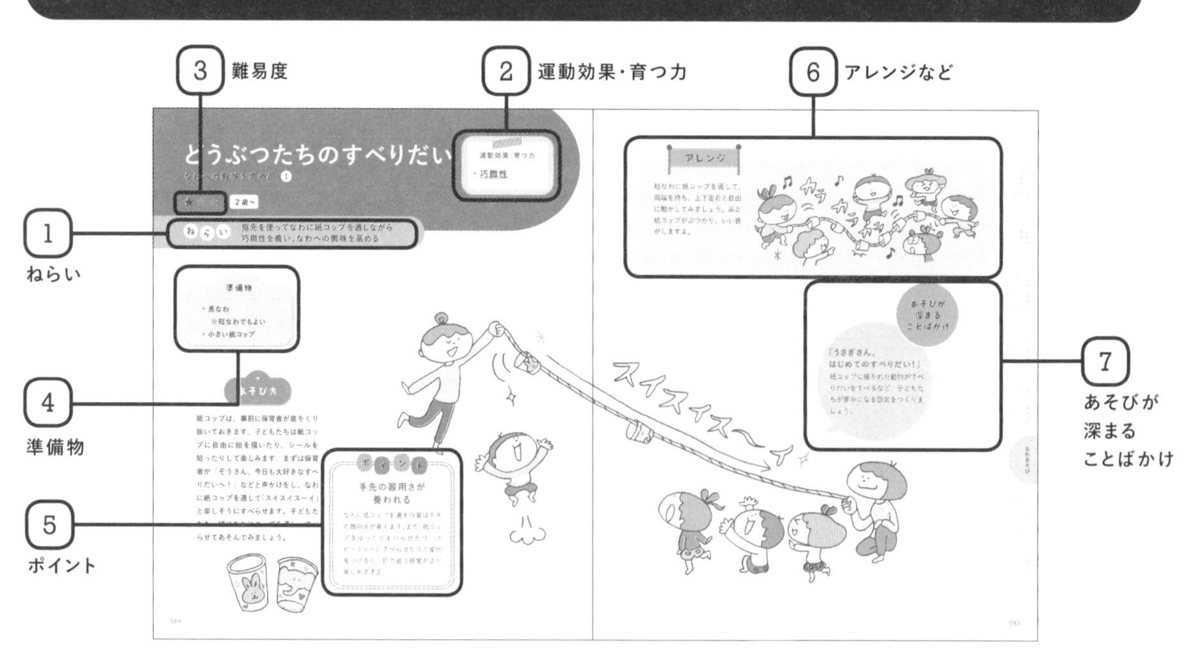

1 ねらい

あそびを通して経験したい内容や身体の動き、育てたい力などです。指導する上での参考にしてください。

2 運動効果・育つ力

あそびのなかで子どもたちに育つもの、主に身につく筋力や能力がわかります。

「運動効果・育つ力」の詳細は次ページで解説！

3 難易度

星の数は、やさしい動きから難しい動きを表しています。対象年齢はあくまでも目安です。子どもたちの様子に合わせて楽しくあそびましょう。

4 準備物

園や子どもたちの状況に応じて調整してください。ボールは折り紙や新聞紙などでつくることもできます。工夫して活動しましょう。

5 ポイント

あそびのどのような点が運動効果をもたらすのか、またあそびの注意点やより楽しくなるポイントを紹介します。

6 アレンジなど

あそびの発展例、室内・園庭での環境構成、低年齢児の場合の展開例などを紹介します。

7 あそびが深まる ことばかけ

保育者の「ことばかけ」次第で、子どもたちのやる気や意欲が高まり、あそびがより楽しく、おもしろくなります。あそびを盛り上げるための声かけ例を紹介します。

【マークについて】

2歳～ 2歳児から楽しめるあそびです。

親子 親子あそびにおすすめです。もちろん保育者と子どもでも楽しめます。

【楽 譜】 歌をうたいながらあそぶあそびには、楽譜がついています。子どもたちとアレンジしながらあそんでください。

【あそびを楽しむための運動プロセス】 本書で紹介しているボール、なわ、てつぼうを中心としたあそびの組み立て例を3～5歳児の年齢別に紹介します。 ➡ 120ページ

乳幼児期に伸ばしたい力

調整力

行動を調整する力（調整力）を伸ばすために大切なことは、あそびのなかに以下の３つの力を高める動きを取り入れることです。行動を調整する力は身のこなしの向上につながり、危険回避能力が高まり、ケガの防止にもなります。

1. バランス力
2. 巧緻性（こうち）（巧みさ）・協応性（動きの巧みさ）
3. 敏捷性（びんしょう）（素早く動く・タイミングをつかむ力）

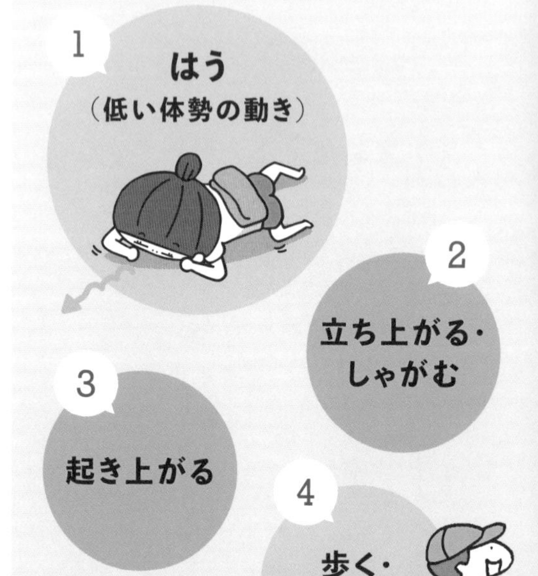

運動効果・育つ力

◇バランス力
身体の均衡を保ち、不安定な体勢を立て直す力。

◇走力
速く走ったり、長く走ったりする力。

◇筋持久力
特定の部位の筋肉を継続的に動かすときに働く力。

◇全身持久力
全身を使った運動を続ける力。

◇腹背筋力
おなかと背中の筋力（腹筋と背筋）。

◇腕支持力
両腕で身体を支える力。

◇握力
握るときの手の力。

◇瞬発力
瞬間的に発揮される筋力。

◇回転感覚
身体が回転しているという感じ方。

◇巧緻性（巧みさ）
手先など身体の器用さのこと。

◇協応性（動きの巧みさ）
身体の各部位を上手に動かし運動動作をつくり上げること。

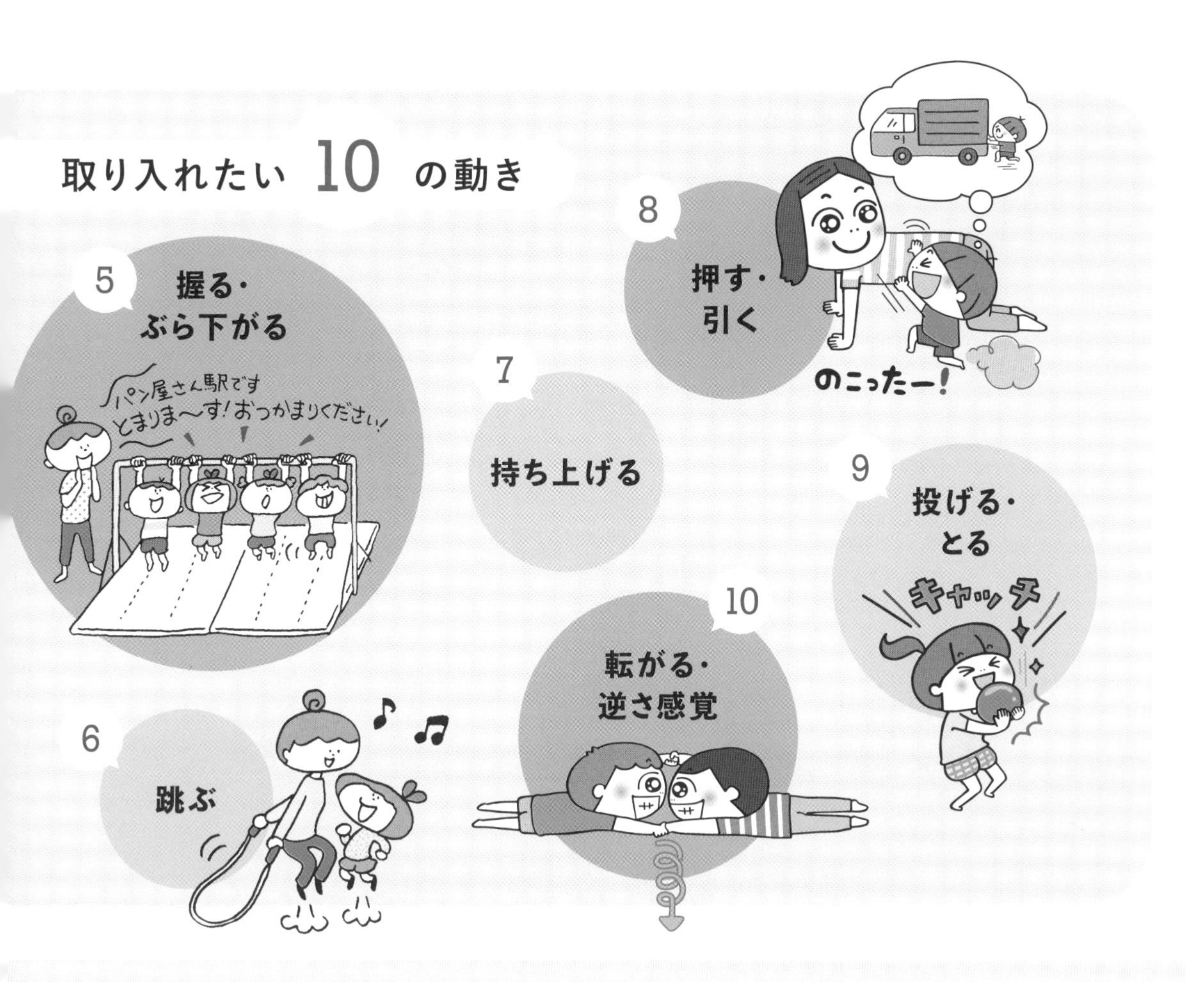

◇敏捷性

身体の位置や方向転換を素早く行ったり、合図に素早く反応したりして動くこと。

◇協同性

友達と思いや考えを共有したり、共通の目的の実現に向けて協力したりすること。

◇柔軟性

関節の可動範囲や動きの柔らかさ、動きのしなやかさのこと。

◇リズム力

リズム感を養い、動くタイミングをつかむ力。

◇集中力

ひとつの事柄に意識を集めて物事に取り組む力。

◇判断力

物事や状況に応じて考え、対応する力。

◇注意力

ひとつの事柄に気持ちを集中させ、気をつける力。

◇創造力

新しいものをつくり出す力。

◇想像力

現実にはないことを心で思い描く力。

運動あそびをはじめる前に

Introduction

乳幼児期は運動能力の土台づくりの時期

多様な動きを引き出し主体的で豊かなあそび場に

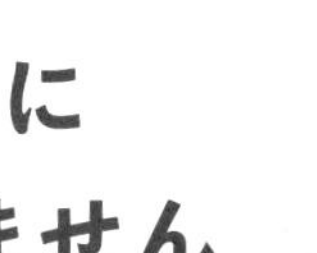

将来、健康に生活するために「運動＝あそび」は欠かせません

乳幼児期は生活のなかで運動することが欠かせません。それはなぜか？
「運動すること＝あそぶこと」だからです。子どもたちは、あそびのなかで生きる知恵や運動能力などを身につけていきます。

将来、健康に楽しく生活するためには、「体力の維持」や自分の身を守る「危険回避能力」が必要です。そのためには、あそびを通して「行動を調整する力（調整力）」を高めるとともに、「新たな動き」に出会える環境が大切です。園にあるマットやなわ、ボール、てつぼう、巧技台などは、より多くの動きを経験することができる遊具です。

また、乳幼児期は脳神経系や感覚器などの発達が著しく、運動能力も伸び盛りです。運動能力がぐんぐん伸びるこの時期に、全身をまんべんなく動かし、多様な動きを経験することで「行動を調整する力」を養っていきましょう。子どもたちの「やってみたい」という意欲や、「楽しそうだな！」という興味を引き出しながら、笑顔あふれる空間で運動あそびを楽しんでいきましょう。

02 ★共感パワー★

みなさんは、子どもたちと関わりながらどんなことを大切にしていますか？

突然おもしろいことを言い出したり、思い出したり、今すぐにやりたいことがあったり、発見をしたりする子どもたち！　そんなヒラメキや願いを「伝えたい」と子どもたちが思える環境がそこにはありますか？　以前、園での体操の時間にこんなことがありました。

【体操中のできごと】

マットの上で勢いよく転がる４歳の男の子。
おやおや？ 何かがポケットの中から出てくるよ!?　よく見ると、ダンゴムシ〜！
あっちにコロコロ、こっちにコロコロ…。
こんなにたくさんのダンゴムシ！
どれだけの時間をかけて集めたのでしょう。

みなさんだったら、この男の子にどんなことばをかけますか？

子どもが成長する過程で大切なことは、喜怒哀楽を十分に表現でき、認めてもらえる、共感してもらえる環境と人の存在です。認めてもらえることで自信につながり、自己肯定感も高まります。
「自分は大切な存在だ！」と気づくことで感情が安定し、あそぶ意欲が高まります。また、共感してもらえる安心感は信頼関係を育み、子どもの想いを伝えやすい環境を整えることにもつながります。

子どもたちが楽しく活動するためには、関わる大人の「共感パワー」がとても重要です。
子どもだからこそ表現できる自由な発想は、その子の大事な能力です。その気持ちに寄り添って、私たち大人のユーモアセンスも高めていきましょう。

「さかあがり」ができなくてはいけないと思ったことはありません

保育者向けの「運動あそび研修会」をさせていただく機会があり、そこで多く質問をいただくのが、「なわあそび」と「てつぼうあそび」についてです。

「３歳ができるなわあそびを教えてほしい」「まえまわりの補助の仕方がわからない」「さかあがりをやりたいと子どもに言われるけれど、どう教えていいのかわからない」など、いろいろな声を聞くたびに、何かできることはないか…と考えていました。

私は、体操の先生として、健康な心と身体づくりのためにいろいろな動きを経験する場をつくることを心がけています。しかし、「さかあがりができなければいけない！」と思ったことはありません。運動のなかで「さかあがり」「前転」などの「技」といわれる動きは、あそびの延長線上に存在していると思っているからです。

ただ、保育者として心苦しく感じるのは、子どもが「やってみたい」と思ったときに、その手伝いができないことではないでしょうか？　もちろん、上達したいと自ら練習する子どももいます。年長さんのクルクルまわる姿を観察して楽しんでいる子どももいます。身のこなしの上達には、目の前にいる子どもをよく観察し、どんなプロセスを辿ることが必要なのかを保育者が考えることも重要です。

本書では、研修会で質問が多い、なわあそびやてつぼうあそびをはじめ、マットあそび、ボールあそびなど、発達の段階を意識して（★で難易度を表示）、全身をまんべんなく動かし、楽しみながらも基本動作を習得できるあそびを紹介しています。

子どもたちからの「やってみたい・うまくなりたい」という思いと、主体的に動き、楽しむ姿を引き出しながら、活動していきましょう。無理強いはせず、子どもの心を和ませるようなことばかけを意識して、一緒に楽しむ気持ちであそんでみてください。

109ページでは、いつの間にか「さかあがり」が上達するおすすめのあそびを紹介しています。

多様な動きの引き出し方

とっても簡単！ 6通りの動きを意識しよう

前述したように運動能力が伸びる乳幼児期に、全身をまんべんなく動かし「多様な動きを経験する」ことが大切ですが、「どのような運動をすれば、多様な動きにつながる」のか、具体的に想像できないかもしれません。

そんなときは、『前・後・左・右・上・下』6通りの動きを意識してみましょう。

例えば、シンプルにハイハイの動きで考えてみます。

- 前 ➡ 前進
- 後 ➡ 後進
- 左 ➡ 左に進む
- 右 ➡ 右に進む
- 上 ➡ 登る
- 下 ➡ くぐる

これだけで、６通りの動きが取り入れられます。また、「前後」「左右」「上下」のように「両側性」を意識しながら、いろいろな体勢や動きを組み合わせて楽しむことで多様な動きを経験することができるでしょう。

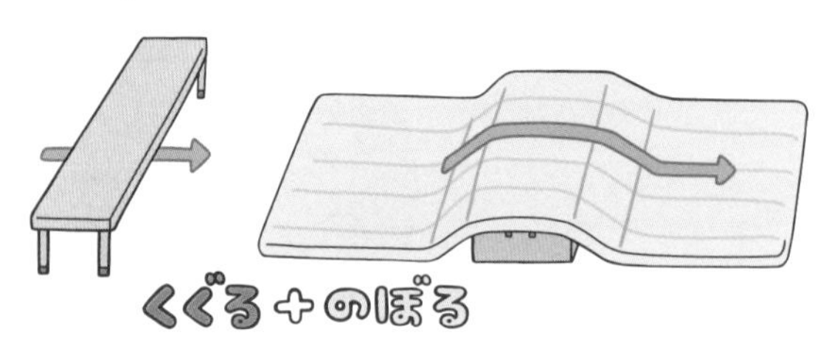

ハイハイで6通り！
走る動きで6通り！
ボールあそびで6通り！
これだけで
18通りの動きができる！

子どもの心に残る 豊かなあそび場にするために

「主体的なあそびは心に残るものだ！」そんなことを痛感したのは、もうすぐ卒園する年長児との会話からでした。「どんなあそびが楽しかった？　どんな運動が好きだった？」という問いかけから、子どもたちの記憶を探りました。

すると子どもたちから出てきたあそびは、自分たちで自由に遊具を組み合わせてオリジナルの遊園地をつくったこと。クラスのみんなで新しいオニごっこを考えたこと。てつぼうでオリジナルの技をつくってみんながまねをしたこと…など。

その答えから導かれることは、子どもたちの記憶に残っているあそびは、「選択肢があった」ということ。すなわち、「自己決定感のあるあそび」だったということです。

その活動の裏には、大人（保育者）の「子どもへの問いかけ」や「子ども自らが選択できるように配慮する」というプロセスがあり、見守る大人の思いや願いがかくれています。

あそびを子どもたちとともにつくり上げていく過程のなかで、子どもの「やってみたい」という思いと、大人の願いをすり合わせながら活動を展開していくことは、子どもたちの「あそびの場をより豊かにする」と思っています。

あそびの楽しさや豊かさを定義することは難しいことですが、「子ども」の想いと「大人」の想いが合わさることで、心が弾む活動になるはずです。

そして、そこに欠かせないものは、子どもたちの「ありのままの姿」を感じ取り、一緒に楽しみながら柔軟にあそびを展開していこうとし続ける、私たち大人（保育者）の努力なのではないでしょうか。

PART 1

オニごっこと移動あそび

オニごっこをするときのポイント

子どもの視野の
狭さを考慮して人数に
応じた空間づくりを
心がける

POINT

見学や応援する子も
参加者。
無理強いはせず
その子のペースで楽しんで

POINT

速い遅いではなく、
足をたくさん
動かすことを意識しよう

いつの時代も子どもたちを魅了してきた
オニごっこは全身を使う優れた運動です

「あそび」を時代の流れとともに「変化していくあそび」と、
昔と変わらず「伝承されていくあそび」の2種類に分けたとき、オニごっこは
「伝承されていくあそび」に分類されると思いませんか？

オニごっこは、タイミングよく、リズムよく身体を動かす力、崩れた体勢を立て直す力、
状況の変化に合わせて素早く動きを切り替える力など、全身を使う優れた運動です。
ダイナミックに、ときに相手の動きを見計らって静かに動くため、
意外性と不規則性が存在します。

オニごっこが伝承されているのは、
子どもたちを飽きさせない魅力がそこにあるからではないでしょうか？

つかまるときにギュッと抱きしめられて、うれしい気持ちになるオニごっこや
「もっと追いかけて！」と、自分を見てほしいという欲求を
満たしてくれるオニごっこがあってもよいのです。

大切なのは、楽しみながら身体を動かすこと。
それが「健康な身体づくり」への近道となるはずです。まずは、簡単にできる
「移動あそび」からはじめてみませんか？

だれのパン工場？

★☆☆　2歳〜　親子

運動効果・育つ力
- バランス力
- 走力
- 想像力

ねらい　模倣あそびを楽しみながら、全身を動かす

あそび方

歌詞の○○の部分に動物などの名前を入れ、『パン工場のうた』をうたいながらあそびます。最後にその動物のなき声や特徴を□□□□に入れ、身体で自由に表現します。その後、保育者は、「○○さんのパン工場へ行こう！　こっちだよ〜」などと声かけをし、場所を移動します。「次は、だれのパン工場へ行く？」と子どもたちに聞きながらくり返し楽しむと、あそびが広がっていきます。

★例：○○→ぞう／□□□□→パオーン
　　○○→ヘビ／□□□□→ニョロニョロ〜

1　㋜㋒さんの　パンこうじょう
おいしい　パンを　つくります

リズムに合わせて手拍子をしながら、その場でジャンプをする。

ポイント
ジャンプすることで
運動量アップ！

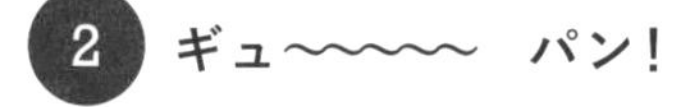

2　ギュ〜〜〜　パン！

両手をグーにしてしゃがみ、「パン！」で元気に立ち上がる。

3　「パオーン」

腕をぞうの鼻に見立てて左右に振るなど、身体で自由にぞうを表現する。

パン工場のうた

室内の場合

室内であそぶ場合は、マットやなわをつなげて円にするなどして、パン工場をつくってあそんでもいいですね。

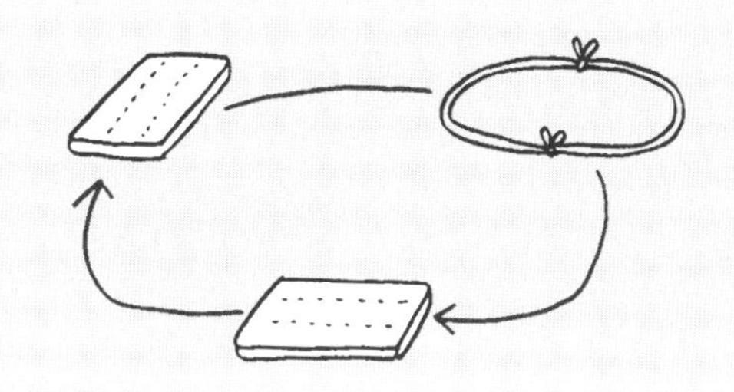

4 移動する

保育者は「ぞうさんのパン工場みーつけた！」などと言い、てつぼうや砂場など目的地を決め、みんなで移動します。目的地に着いたら、「次はだれのパン工場がいい？」と子どもたちからアイデアを引き出し、❶に戻ってくり返しあそびます。

ポイント

移動する動きや距離に変化をつける

歩く、走る、ジャンプ、片足とび、ハイハイ、横歩きなど、移動するときの動きや距離に変化をつけると、多様な動きが取り入れられ、足腰もたくさん動かせます。

ぼうしのせんたく屋さん

★★☆

ねらい　足を動かしながら方向転換を素早く行い、全身を動かす

運動効果・育つ力

- 敏捷性
- バランス力
- 全身持久力
- 判断力

準備物

- カラー帽子
- マットやフープなど

あそび方

子どもは、カラー帽子のゴムをあごにかけず、帽子の上に上げたり、首のうしろにしたりしてかぶります。マットやフープなどを置いて洗濯機に見立て、保育者は、「帽子を洗濯しちゃうぞ～！」と楽しそうに伝えながら子どもたちを追いかけます。保育者は帽子を取ったら洗濯機の中に入れ、帽子を取られた子は洗濯機の中から自分の帽子を見つけ、またかぶって逃げることをくり返します。

アレンジ

バランスのよい身体づくりをするためには、普段の生活では意識しないとなかなかできない「低い体勢」の動きを取り入れると腹背筋力がたくさん使われ、多様な動きが習得できます。おしりを床につけて、座ったまま逃げるなど、意識的に取り入れていくとよいでしょう。

ポイント

くり返し逃げることで運動量がアップする!

一度帽子を取られても、またかぶって逃げることで、運動量がアップするあそびです。子どもたちの様子を見て、ほどよく休憩タイムを入れながらあそびを進めていきましょう。

なんでもオニごっこ

★★★ 親子

ねらい　自分の考えをことばで表現し、
仲間と一緒にあそびを進めながら全身を動かす

運動効果・育つ力

- 敏捷性
- 全身持久力
- 創造力
- 協同性

あそび方

オニごっこのテーマを子どもたちと考えます。例えば「毎月オニごっこ」。「5月といえば何？」から連想してはじまる「こいのぼりオニごっこ」。オニは、「こいのぼり」と言ってタッチ。タッチされた子は「こいのぼりのポーズ」で止まり、ほかの子にタッチされたら、また逃げることができます。オニにタッチされたら「どんなポーズで止まるか」を事前にみんなで考えておきましょう。みんなでアイデアを出し合うことが楽しいのも、このあそびの魅力です。

オニにタッチされたら、その場で止まり、「腕をこいのぼりのように揺らす」と決めておきます。ほかの子がタッチしてくれたら、逃げることができます。

いろいろなアイデア

月ごと、季節ごとにオニごっこのテーマをみんなで考えましょう。「助ける」方法をアレンジしても楽しいですね。実際に子どもたちから出たアイデアを紹介します。

春　さくらの木

オニにタッチされたら「さくらの木」になって止まります。助ける場合は、「花咲かじいさん」のように魔法の粉をまくふりをします。

夏　流れるプール

オニにタッチされたら腕を広げて止まります。助ける人はタッチされた子と向かい合って手をつなぎ、その場でひとまわりして「流れるプール」に！

秋　もみじ

秋といえば「もみじ」。オニにタッチされたら、片手を床につき、もう片方の手をパーにして上にあげ、もみじのポーズ。助ける人は、腕と身体の隙間を腹ばいになって通り抜けます。

冬　クリスマスプレゼント

オニにタッチされたらしゃがんで、手でリボンを表現するなどしてプレゼントに。助ける人は、手を持って、リボンをほどくように広げます。

指の体操 + オニごっこ

きょうのオニはおとうさんです

★☆☆ 2歳～

運動効果・育つ力
- 巧緻性
- 集中力
- バランス力

ねらい リズムに合わせて指を動かしながら巧緻性を養い、走る動きを楽しむ

あそび方

『きょうのオニはおとうさんです』の歌をうたいながら、指の体操をくり返し楽しみます。タイミングを見て「きょうのオニは○○先生です！」と子どもたちに伝え、オニごっこをはじめます。

指の体操

「おとうさん（親指）」「おかあさん(人さし指)」を「おにいさん（中指）」「おねえさん（薬指）」「あかちゃん（小指）」にかえて、くり返しあそびます。

1 かくれんぼ かくれんぼ

リズムに合わせ手拍子をする。

2 「きょうのオニはおとうさんです」 みつけた みつけた

親指を出し、「みーつけた」で親指を左右にゆらす。

3 「おかあさん みーつけた」

「みーつけた」で人さし指を出す。

2人みつかっちゃった！

「おかあさんとあかちゃん みーつけた」などと言って、2本の指を出しても楽しいですね。2本の指で会話しても盛り上がりますよ！

ポイント

中指と薬指は集中して時間をかけて

ほかの指でもやってみましょう。中指と薬指を出す動作はとても難しいので、子どもたちの様子をよく見て、焦らずゆっくり出せるように集中できる時間を作ってあげましょう。

きょうのオニはおとうさんです

作詞・作曲：森 麻美

オニごっこ

指の体操をくり返し楽しんだら、保育者は「きょうのオニは～」の部分を「きょうのオニは○○先生です！」にかえ、オニのポーズで子どもたちを追いかけます。つかまえることよりも、子どもたちが足腰を十分に動かせることを意識しましょう。

つかまえる場合は、オニにタッチされたらどうすればよいのかを、事前に決めておいても楽しい。

アレンジ

逃げることを十分に楽しんだら、オニにつかまらないルールを追加します。オニがきたら「小さくしゃがんでかくれる」「２人組で抱き合う」など、子どもたちからのアイデアも引き出しましょう。

しゃがんでかくれる

抱き合う

ストレッチ ＋ オニごっこ

ワニさんのおくち

★★★

運動効果・育つ力

- 協応性
- 柔軟性
- バランス力

ねらい 歌に合わせて足をつかみながら柔軟性を養う

あそび方

『ワニさんのおくち』をうたいながら、ストレッチをしてあそびます。くり返しあそんだら、保育者はタイミングを見て「せんせいワニが オニごっこの みを たべました」などと歌詞をかえ、オニごっこをはじめます。

ストレッチ

歌に合わせて、柔軟性を高めるストレッチあそびをします。

1 ワニさんが おおきなおくちを あけました

足を伸ばした状態で座り、両手で片方の足を持つ。

2 ワーオ！

足を持ったまま上に上げる。

3 ワニさんが おおきな○○○を たべました □□

○○○に食べ物などの名前、□□に「ムシャムシャ」など食べるときのことばを自由に入れながら足を上下に動かす。

長座体前屈でも

□□のところで、長座体前屈のポーズになり、両手を上に上げて身体を曲げたり伸ばしたりしても柔軟性がアップします。

ワニさんのおくち

作詞・作曲：森 麻美

オニごっこ

ストレッチあそびを十分に楽しんだら、保育者は同じリズムで「せんせいワニが　オニごっこの みを たべました」と歌詞をかえます。子どもたちは、座ったまま保育者の合図を待ちます。保育者が「オニ～！」と言ったら、子どもたちは立ち上がって逃げます。

「せんせいワニが
オニごっこの みを たべました～」

ポイント

いつオニごっこが はじまるかドキドキ!!

保育者がいつ「オニ～！」と言うか、ドキドキ待つ時間をつくるのもおもしろいですね。子どもたちの様子を見ながらタイミングをはかりましょう。ただし、転倒防止のために、追いかけるのは、子どもたちが立ち上がってからにしましょう。

PART 2

ふれあいあそび

心の安定を促すスキンシップは
人格形成の土台づくりに欠かせません

みなさんが「幸せ」だと思う瞬間は
どんなときですか？

子どもたちとあそびながら感じることは、ふれあっているときの
子どもたちの笑顔は最高だということ。
私は、その笑顔に「幸せ」を感じています。

ふれあいあそびは、子どもの本能的な承認欲求を満たしてくれたり、
スキンシップによる愛着関係が
心の安定を促したりします。
他者との関わり合いは、心地よい力加減を知る機会にもなります。

親子や仲間とのあそびを通して、
「人とつながる楽しさ」「共感できる喜び」「身体を動かすタイミング」
「コミュニケーション能力」などを育みながら、
人格形成の土台づくりに欠かせない
「ふれあいあそび」を
子どもたちにたくさん体感してほしいと思います。

フラメンコにらめっこ

★☆☆ 親子

ねらい　リズムをとりながら、友達と身体の
さまざまな部分をふれあわせて楽しむ

運動効果・育つ力
- リズム力
- 協同性
- 協応性

２人で向かい合い、『フラメンコにらめっこ』の歌をうたいながらリズムに合わせてふれあいタッチを楽しみます。親子であそんでもよいですね。３番の「いろんなところがにらめっこ」では、全員で同じ動きをしても、２人で話し合って決めてもよいでしょう。事前に動きを決めてからあそぶとより楽しめます。

1番

1 フラフラふらっと フラメンコ
フラフラふらっと にらめっこ

２人で向かい合い、自由に身体をフラフラ動かす。

2 おててと おててが にらめっこ オレッ！

両手をパーにして顔の横で構え、「オレッ」の「レッ」で互いの両手を元気にタッチさせる。

3 おててと おててが
くっついた オレッ！

❷と同じ。

フラメンコにらめっこ

作詞：森 麻美　作曲：山野さと子

2番 おなかと おなかが にらめっこ オレッ！

「レッ」で互いのおなかとおなかをタッチ。そのほかは1番と同じ。

乳児の場合

乳児の場合は、大人が子どもの身体にタッチをしてあそびましょう。「ほっぺと ほっぺが にらめっこ オレッ！」など、互いのぽっぺをくっつけ合ってもよいですね。

3番 いろんな ところが にらめっこ オレッ！

「レッ」で、おしりやひじ、足の裏、抱き合うなど、自由にいろいろなところをタッチさせる。
★あそぶ前に決めておくとよいでしょう。

いろんなカタチ

★★☆ 親子

ねらい ふれあいを楽しみながら、友達と力を合わせて「カタチ」を表現し、達成感を味わう

運動効果・育つ力
- 協同性
- 協応性
- 創造力
- リズム力

あそび方

○（丸）、△（三角）、□（四角）のカタチは身近にどんなものがあるかな？　年齢に応じたヒントを出しながら、みんなで探してみましょう。「うたって→考えて→つくる」をくり返し楽しみましょう。

1 カタチカタチ カタチカタチ

リズムに合わせて８回手拍子をする。

2 なにが できるか かんがえよう

こめかみあたりで人さし指をグリグリと回す。

3 カタチカタチ カタチカタチ

❶と同じ。

4 いろんな カタチ

５回手拍子する。

5 ウッー！

元気よく「ウッー！」と言いながら、伸ばした腕を身体に引きつけ、気合を入れる。

6 ○△□のカタチは なにがあるかな？

保育者は、「○（丸）△（三角）□（四角）のカタチはどんなものがあるかな？」「食べものでも外にあるものでもいいよ！」などと声かけし、子どもたちは自由に発言する。

いろんなカタチ

作詞・作曲：森 麻美

子どもたちのアイデアをいかし、「おにぎりの△（三角）をお友達と一緒に身体をつかってつくってみよう！」などと伝え、子どもは２人組になり、自由にカタチをつくる。

○たいよう

△おにぎり

□とうふ

□＋△おうち

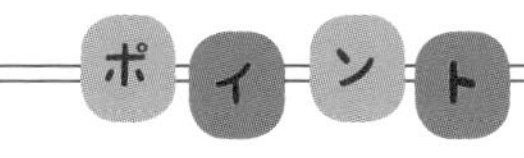

みんなが つくったカタチを まねっこしても

はじめは保育者が見本をつくり、そのまねをして「カタチづくり」のイメージを広げていくとよいですね。また、完成したカタチを各組が発表し、みんなでまねっこあそびをしても楽しめます。友達に「まねっこされる」ことは自信につながります。

コロコロレンジャー

★★☆ 親子

運動効果・育つ力
- 回転感覚
- 腹背筋力

ねらい　友達と一緒に横に転がるタイミングを合わせ
回転する感覚を楽しむ

準備物
- マット

あそび方

横に転がることで、バランス力や腹背筋力がつくあそびです。２人組で両手をつないで横に転がったり、親子（または保育者と子）でマットを使って転がったりして、「コロコロレンジャー」になってあそびます。

うつぶせになって両手をつなぎ、同じ方向にタイミングよくコロコロ転がります。

マットを２枚つなげて置き、子どもは１枚目のマットの真ん中に両手をあげてあお向けになります。親は子どもがあお向けになったマットの端を持ち上げ、子どもをコロコロ転がします。

そうじきレンジャー

★★★ 親子

運動効果・育つ力
- 筋持久力
- 腕支持力
- 協応性
- 協同性

ねらい 両腕で自分の身体を支えたり、友達の足を持ち上げたりして、身体を上手に動かす

あそび方

2人組になり、「そうじきレンジャー」に変身！ A は両腕で身体を支え、「そうじき」になります。B は A の足を「手押し車」のように持ち、2人で前に進みます。A と B の役割を交代してあそびましょう。

A
両手を床について身体を支える。

B
A の両足の間に入り、両足を下からすくうようにしっかり持つ。A の進むペースに合わせてゆっくり前進する。

ポイント

「手押し車」あそびは体幹を強くする

2人組であそぶ「手押し車」は、ゆれる身体を安定させようと胴体に力が入ります。幼児期に胴体を使う動きを取り入れることで、体幹が強くなり、よい姿勢などにつながります。無理なく、ケガをしないようにあそびましょう。

○回ごみを吸い込むぞ～

「そうじきレンジャー」は前進するたびにゴミを吸い込みます。「10回ゴミを吸い込むぞー！」など、進む数を決めてからあそんでもよいでしょう。足を持つ子と一緒に回数を数え、力を合わせてかっこいい「そうじきレンジャー」になりましょう。

トラックずもう

★☆☆ 2歳〜 親子

運動効果・育つ力
- 筋持久力
- 腹背筋力

ねらい 全身を使い、押す・踏ん張る力を身につけながら、ふれあいを楽しむ

あそび方

子どもと大人がペアになってあそぶ、親子あそびに最適なあそびです。大人はトラックや飛行機、ポンプ車などに変身します。「はっけよーい のこった！」の合図で、子どもは大人の肩や腰などを両手で押して相撲ごっこのはじまりです。いろいろな乗りものに変身してあそんでみましょう。

トラック

大人は四つんばいになり、トラックに変身します。子どもは大人を押して、倒したらトラックに乗ってお散歩します。

飛行機

大人は腕をはねに見立てて広げ、飛行機に変身！　子どもが押して倒したら、大人は子どもをひざに乗せて、ブーン！

ポンプ車

大人は、ときどき放水するポンプ車に変身。子どもは、いつ放水されるかドキドキしながら大人を押します。大人はタイミングを見て「放水！」などと言いながら、子どもをくすぐりましょう。

ポイント

乗りもの役と押す役を交代して全身を動かそう

乗りもの役と押す役を交代してもよいでしょう。力いっぱい押したり、倒されないように踏ん張ったりしながら全身を動かし、くり返しあそびましょう。子ども同士であそぶ場合は、押して倒すあそびだけにし、交代して楽しみましょう。

クレーンでくれ～ん？

★☆☆ ～ ★★★　2歳～　親子

運動効果・育つ力
- バランス力
- 腹背筋力

ねらい　足でボールをはさんだり、動くボールを追いかけたりしてバランス感覚を高める

準備物

- ボール（またはタオルなど足にはさめるもの）

2人組になり、どちらかが座ったまま両足をクレーンに見立てボールをはさみ、その場所でくるくるまわります。もう1人はボールを取りにいきます。親子あそびとしても楽しめます。

くるくるまわるクレーンから ボールを取れるかな？

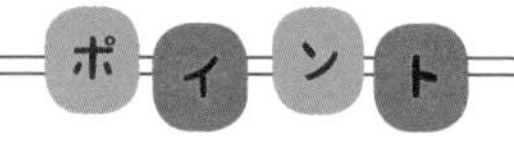

タイミングをみて クレーン役を交代

ボールが取れたらクレーン役を交代してあそびましょう。ボールが取れなかった場合も、保育者は全体の様子を観察しながら、ほどよいタイミングで交代の合図を出し、くり返しあそべるようにしましょう。

季節のうたでストレッチ

★★★ 親子

運動効果・育つ力
- リズム力
- 柔軟性
- 協同性

ねらい 歌に合わせてリズムをとり、友達とのふれあいを楽しみながら柔軟性を養う

あそび方

季節の歌に合わせて、手合わせあそびを楽しみます。短い歌でテンポよくあそびましょう。手合わせあそびに慣れたら、開脚や長座体前屈をしながら手合わせをするなど、柔軟性につながる体勢で行ってみましょう。
★例：『チューリップ』／『まつぼっくり』／『ゆき』など

基本

下のように『かたつむり』など季節の歌のリズムに合わせて、手合わせをくり返します。

2回手拍子する ⇔ 1回手合わせする

柔軟編

開脚や長座体前屈の体勢で、リズムに合わせ手合わせをしてみましょう。難しい場合は、ひざを曲げてもかまいません。

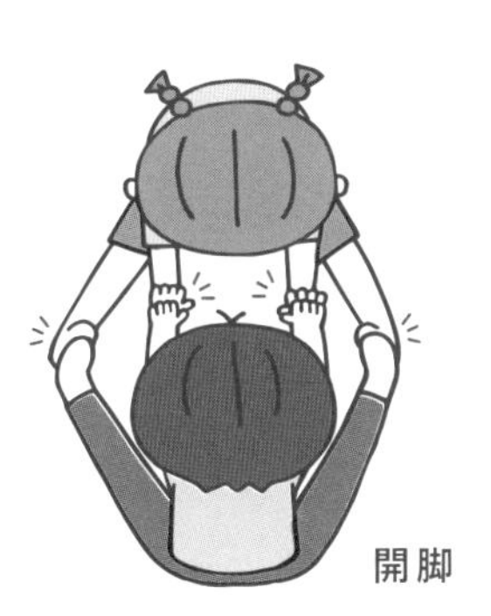

開脚

長座体前屈

アレンジ

子どもたちに「ほかに身体のどこがタッチできるかな？」などと聞いてみましょう。「足の裏」など、おもしろいアイデアが飛び出しますよ！

PART 3

タオルあそび

― 身近なものであそぼう ―

投げる・引く・握る・結ぶ…など
タオルは多様な動きにつながる優れもの

身近にあるものを見渡して「これは楽しいあそび道具になる!」と発見したとき、
とてもうれしい気持ちになりませんか?
このパートで紹介するのは、普段の生活に欠かせない
「タオル」を使ったあそびです。

タオルは、多様な動きを引き出してくれる、すばらしいあそび道具に変身します。
タオルを使ったあそびは、体勢の変化や
投げる・とる・引く・握る・持ち上げる・結ぶなど、
たくさんの身体の動きが経験できるのです。

このパートの最後に掲載している「げんきモリモリ★チャレンジ」では、
タオルを両手で握り、自分の身体を両腕で支えながら
引き寄せる動きを紹介しています。
握る力、両腕の力がつくこのあそびは、「てつぼうあそび」にもつながります。
楽しくあそびながら、身体をコントロールする力を養っていきましょう。

タオルのほかにも、身近にあるものが
とびっきりのあそび道具に変身するかもしれませんね。
ぜひ、子どもたちと探してみてください!

あたまにの～せてごあいさつ

★☆☆　2歳～

運動効果・育つ力
- 敏捷性
- 巧緻性

ねらい　落ちるタオルをタイミングよくキャッチする

準備物
- ハンドタオル・フェイスタオルなど

あそび方

頭の上に、タオルを乗せます。小さくたたんでも、そのままでもよいでしょう。みんなで一緒に「あたまにの～せてごあいさつ！」と自由なリズムにのせてうたい、「おはよう」「こんにちは」などとあいさつをして、まずは頭の上からタオルが落ちる様子を楽しみます。タオルを落とすことを十分楽しんだら、次は落下するタオルを両手でキャッチしてみましょう。うたのテンポを変えるとくり返し楽しめます。

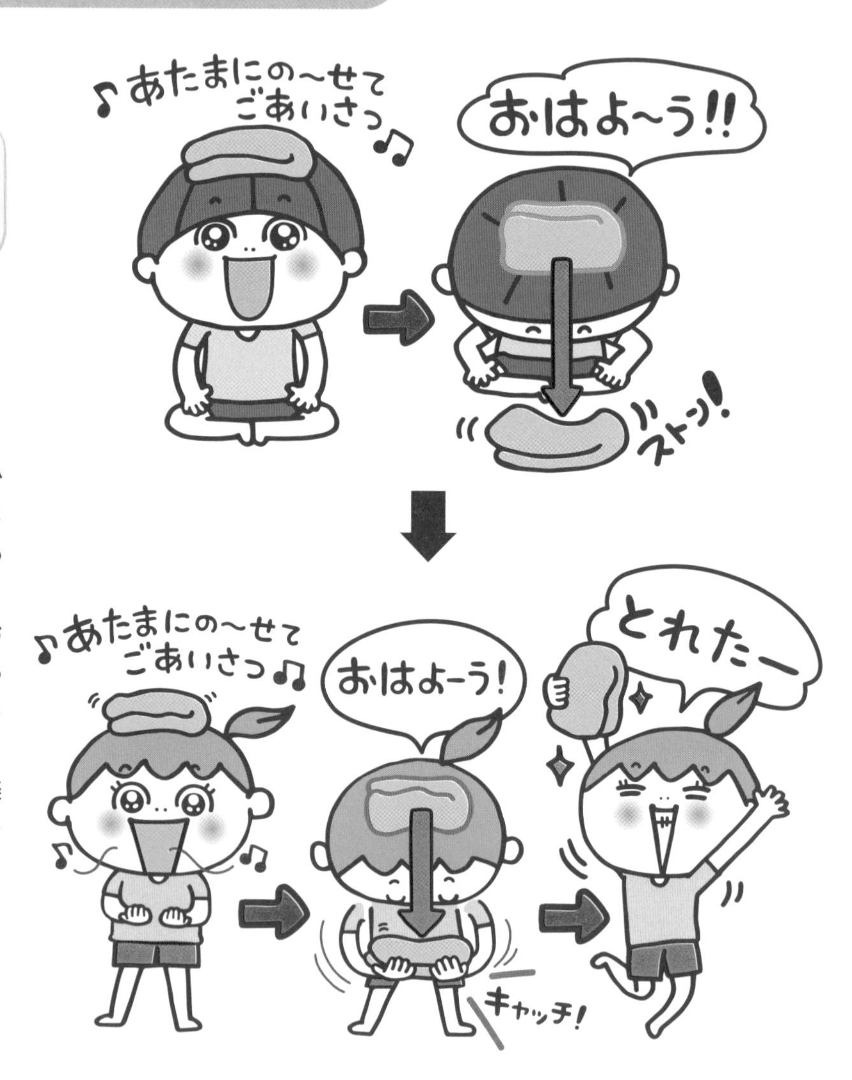

のせのせあるき

★☆☆

運動効果・育つ力

- バランス力
- 協応性

ねらい 身体のさまざまな部位にタオルを乗せて
バランスをとり、体勢の変化を楽しむ

準備物

- ハンドタオル・
フェイスタオルなど

「のせのせあるき！」と言いながら、身体のいろいろな部位にタオルを乗せて、歩いてみましょう。まずは保育者が楽しそうにやって見せるとよいですね。

ポイント

**「低い体勢」での動きを
意識して
新たな動きとの出会いを**

「低い体勢」であそぶことは、より多様な動きを引き出すことにつながります。「のせのせあるき」では、頭の位置と同時に視線も変化しています。立って歩くだけではなく、低い体勢での動きを意識すると、おなか・背中・おしり・手・足に新たな動きが取り入れられます。

ぽかぽかタオルン

★★☆ 親子

運動効果・育つ力
- バランス力
- 協応性
- 敏捷性

ねらい タオルがなわに引っかかるように方向を定めながら投げて楽しむ

準備物
- 長なわ
- フェイスタオルなど

あそび方

長なわの両端を保育者が持ち、子どもたちがジャンプして届く高さにピーンと張ります。保育者は、「今日は、ぽかぽかいい天気！　タオルンもぽかぽかにしよう！」などと言い、子どもたちは、タオルをなわに引っかけて干してあそびます。ときどき嵐のような風が吹き、タオルが飛ばされてしまいます。落ちたタオルを拾い、くり返し干してあそびましょう。

ポイント

はじめはなわを低めにする

みんなが楽しく干せるように、はじめは低めになわを設置します。子どもたちの様子に合わせて徐々に高くしていきましょう。

子どもたちは、投げたり、ジャンプしたりしてタオルを引っかけます。

アレンジ

なわを低くすると、子どもたちの干したタオルが凸凹のタオルトンネルに変身。タオルに触れないようにくぐることができるかな？

ポイント

「できたー！」というたくさんの成功体験を

なわにタオルを引っかけられたときの子どもたちの満足気な表情がとても印象的なあそびです。小さな「できたー」「先生やった！　見て！」という経験をたくさんできるようにしましょう。

落ちてきたタオルはキャッチしてあそぼう！

保育者は、「嵐です！強い風がビューン！」などと言い、長なわを高く上げて揺らし、干してあるタオルを下に落とします。

ひっぱれアッパレおもすぎタオル

★☆☆　親子

運動効果・育つ力
- 握力
- 筋持久力
- 腹背筋力

ねらい　引く・握る動作を楽しみながら全身を動かす

準備物
- フェイスタオルや
バスタオル

２人組になり、石役と引っぱる役を決めます。保育者は「石を動かすことができるかな？」などと声をかけ、引っぱる役は全身を使って「引っぱる」動きを楽しみます。役は交代してあそびましょう。まずは保育者が一生懸命引っぱる姿を見せてからはじめるとよいですね。

ポイント

石役はあごを床にぶつけないよう注意

「あごを床にぶつけないように気をつけてね」と声かけをして注意を促しましょう。

自然と引っぱり合いあそびになることも！

２人とも座ったまま全身を使って力いっぱい引っぱり合ってもよいでしょう。

大きなバスタオルに１人があお向けになり、もう１人が引っぱったり、タオルを何枚か結んで長くし、みんなで引っぱったりしてもおもしろいですよ。

バスタオルを使って引っぱっていると
みんなが集まって重すぎる石に！

保育者が持つバスタオルの端を子どもがつかみ、その子どもの足をほかの子どもがつかみ…。何人かつながって「重すぎる石」になってあそんでも楽しいです。

オニごっこと移動あそび
ふれあいあそび
タオルあそび
マットあそび
ボールあそび
なわあそび
てつぼうあそび
巧技台あそび

ちいさくなるタオル島

★☆☆～★★☆　親子

運動効果・育つ力
- 巧緻性
- 協応性
- バランス力

ねらい　力加減を調節しながら、投げる動きを楽しむ

準備物

- フェイスタオル
- バスタオル

タオルボールのつくり方

フェイスタオルの端と端を2回結んでボールにします。子どもたちの様子に合わせて保育者が手伝ってあげましょう。

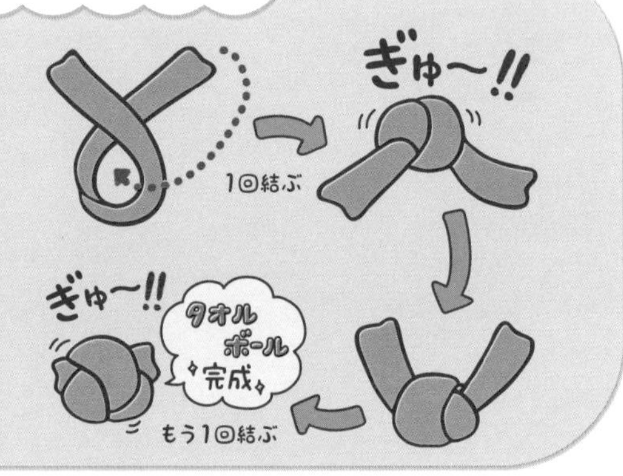

あそび方

フェイスタオルを使って1人1個「タオルボール」をつくります。バスタオルを広げて床に置き、「タオル島」に見立てます。子どもたちは島をめがけてタオルボールを投げてあそびます。タオルボールが島にのるようになったら、バスタオルをたたんで島を小さくしていき、くり返し楽しみましょう。

アレンジ

バスタオルを何枚かつなげて大きな島をつくったり、みんなで投げる位置を決めて一斉に投げたりしても楽しめます。親子であそぶ場合は、親がタオルを広げて持ち、子どもが投げたボールをキャッチしてあそんでもいいですね。

大きなタオル島が登場!

親子あそびにも最適

ポイント

投げる位置や力を加減し自主性を育む

タオル島に近づいたり、離れたりしてボールを投げる位置を自分で調整したり、投げる力を加減したりするなど、自主的に楽しめるあそびです。子どもの様子を見ながら保育者からもアドバイスしていきましょう。

島を小さくしてチャレンジ!

バスタオルをたたんで、島を小さくしていきます。

ツンツンことり

★☆☆～★★☆ 親子

運動効果・育つ力

- 協応性

ねらい あお向けの体勢で移動しながら、親子のふれあいを楽しむ

準備物

- フェイスタオル

ことりのつくり方

タオルの先端をつまみ、ひと巻きして結び、先端を少し出してくちばしにします。

あそび方

フェイスタオルで「ことり」をつくります。子どもはあお向けになり、親（または保育者）はタオルの端（「ことり」の逆側）を持ちます。子どもは背中や足などを上手に動かして、頭の方向に進みながら逃げます。

※くちばしが目に当たらないように注意。ほかの子とぶつからないように広いスペースを確保しましょう。

ポイント

ツンツンされそうでされないのが楽しい!

ツンツンされそうでされないところが楽しみのひとつ。子どもの表情を見ながら「ツンツンしちゃうぞ～」などと言って、ゆっくり追いかけましょう。

アレンジ

「ことり」を親のおしりにつけて、子どもが追いかけても楽しいです。

げんきモリモリ★チャレンジ

★★★ 親子

ねらい 仲間と力を合わせ、頭でイメージした動きを身体で表現する

運動効果・育つ力

- 筋持久力
- 腕支持力
- 腹背筋力
- 協応性
- 協同性

準備物

- フェイスタオル
- マット

あそび方

3人組であそびます。2人はタオルの両端をしっかりと持ちます。チャレンジ❶では、もう1人が両足をタオルに引っかけて前進します。チャレンジ❷では、2人が持ったタオルの下でもう1人があお向けになり、タオルを握って前進します。マットの端まできたら役割を交代するなどルールを決めてあそびましょう。まずは、保育者が見本を見せてあげましょう。

チャレンジ❶

2人が持ったタオルに1人が両足を引っかけて前進します。自分の体重によって両足が固定され、うまく動かせないため、おなか、背中、腕の力がとても必要となります。

チャレンジ❷

前進する子の肩の横あたりに立つと持ち上げやすい

前進する役の子は、タオルが胸のあたりにくる位置であお向けになり、腕を伸ばしてタオルを握ります。ひじを自分のほうに力強く引き寄せておしりを上げ、その体勢で足を動かして進みます。

PART 4

マットあそび

見立てあそびも回転あそびも楽しめる マットの活用方法は無限大です

ままごとをしている子どもたちが、
マットを三角にして小屋を完成させました。
ボールあそびをしている子どもたちは、マットを立て、的当てにしていました。
ほかにも、船に見立てたマットに乗って旅をしたりなど、
あそべる環境があれば子どもたちは自然とあそびを考えていきます。
マットの活用方法は無限大です。

マット運動は、「まねっこ」したい動きを
頭（脳）でイメージして、身体の部位を意識的に動かすので、
身のこなしの向上につながります。
また、マットは柔らかい素材でできているため、固い床ではできないような
回転あそびや逆さ感覚が体感できます。

最初は「やさしい動き」のまねっこあそびなどからはじめ、達成感と満足感を味わいながら
新たな動きができるように配慮していくことで、
ちょっぴり難しい動きにも積極的に取り組んでいけるようになるでしょう。

ぜひマットをいろいろな用途で活用し、
子どもたちとの会話を楽しみながら、あそびを広げていきましょう。

トントントン「どちらさま?」

マットへの興味を深める 1

★☆☆ 2歳～

運動効果・育つ力

- バランス力
- 想像力

ねらい 仲間と一緒に移動あそびを楽しみながら
マットへの興味を高める

準備物

- マット2～4枚
  （子どもの人数に応じて）

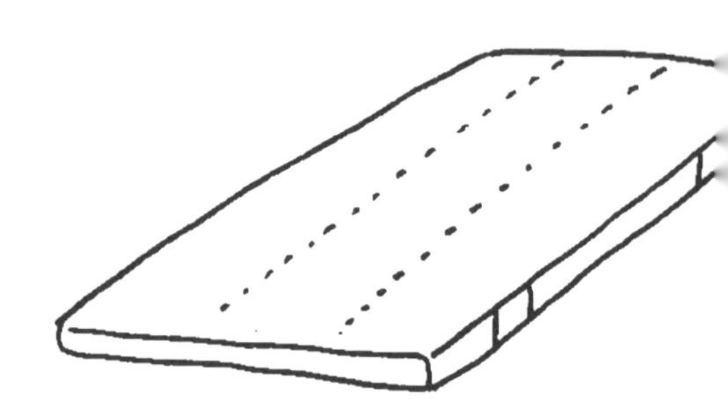

あそび方

マット2～4枚を船に見立てて四方に置きます。子どもたちは、マットの船に乗り、保育者は大きな魚や動物などに変身します。保育者は子どもたちが乗っている船の前で、「トントントン」と言います。子どもたちが「どちらさま？」と聞くと、「大きなクジラです。ザブーン！」などと言いながら船の中へ入っていきます。子どもたちは、「くじらがきたー！　にげろー！」と、違う船に移動してあそびます。

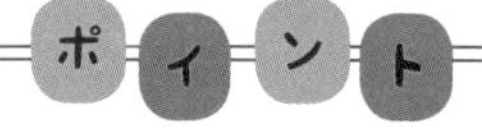

移動するときの体勢を変化させる

移動の体勢を、ハイハイやジャンプなどに変化させてもよいですね。さまざまな動きが取り入れられ、運動効果がアップします。

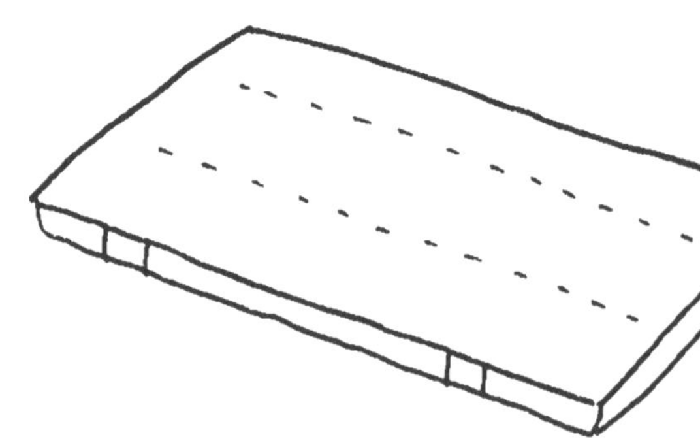

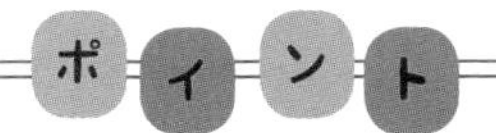

**元気な声を出して
いっぱい笑って
発散しよう！**

「トントントン」「どちらさま？」というかけあいが楽しいあそびです。慣れてきたら「どちらさま？」と聞かれた後に「誰だと思う？」と返してみましょう。子どもたちのアイデアで、スイカがザブーンとやってきたり、タコがクネクネやってきたりと笑いが止まらなくなります。元気に笑うことは幸福感を高め、リラックス効果があるといわれています。

ティラノサウルスの道

マットへの興味を深める ②

★★☆　2歳～　親子

運動効果・育つ力
- 敏捷性
- バランス力
- 判断力

ねらい　相手の動きの変化に素早く反応し、走ったり避けたりしながら敏捷性を養う

準備物
- マット3～4枚（子どもの人数に応じて）

あそび方

マットを１列に並べて「ティラノサウルスの道」をみんなでつくります。保育者はマットの上でティラノサウルスになります。子どもたちは、マットの上を動きまわるティラノサウルス（保育者）にぶつからないように気をつけながら走り抜けます。

アレンジ

ティラノサウルスが突然、居眠りをしたり、抱きつきマンになったりしても楽しめます。道の上を大ジャンプしてもよいですね！

抱きつきマンに変身！

途中で寝ちゃった！

ティラノサウルスにぶつからないように通れるかな？

ポイント

子どもたちがウキウキする演出を！

ティラノサウルス役は、子どもたちが通り抜けるチャンスをしっかり確保しましょう。慣れてきたら、フェイントをかけたり、速度に変化をつけたり、声のトーンを変えたりすると、子どもたちはウキウキしながらあそべますよ。

おでかけっちょう！

★☆☆～★★★

運動効果・育つ力

- 柔軟性
- 腕支持力
- 腹背筋力

ねらい　模倣あそびを楽しみながら、柔軟性を養う

準備物

- マット

マットに座り、足をちょうの羽に見立てて、腕や腹背筋を使って前に進んだり、ゆらゆらゆれたりしてあそびます。童謡の『ちょうちょう』の歌詞をかえて、「♪ちょうちょう ちょうちょう　マットの上を とんでいく～」などとうたいながらあそんでも楽しいです。

初級

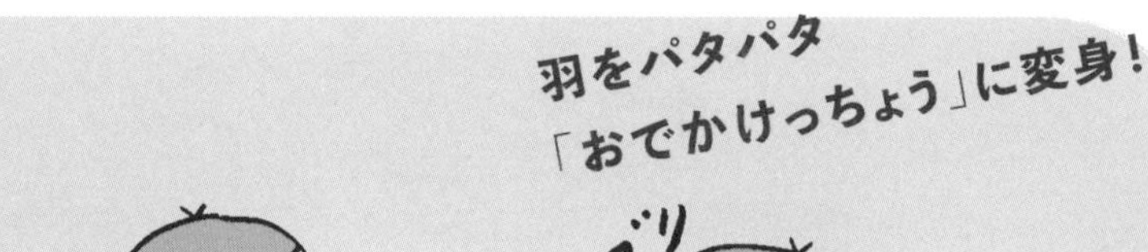

足の裏を合わせ、羽のようにひざをパタパタと上下に動かして「おでかけするちょうちょう」に変身。両手で足の甲をしっかりつかみ（親指は土踏まずに当てる）、「足を前に出す→おしりを動かす」をくり返して前に進んだり、逆の動きで後ろに進んだりします。

ポイント　股関節の柔軟性を高める

足の裏を合わせて座る体勢は背すじが伸び、股関節の柔軟性を高めケガの防止につながります。ただし、無理なく行いましょう。

ポイント　短い距離を競争しても楽しめる

「よーい、どん！」でスタートし、みんなで競争しても楽しめます。距離は短いほうが飽きずに楽しめるでしょう。

中級

大きく羽を広げたちょうに変身 腕の力を使って前進!

マットの上で両足を開きます。おしりはマットにつけたまま両手を前に出し、腕の力で前進します。マットを並べて、どこまで進めるか挑戦してもよいですね。

あそびが深まることばかけ

「ちょうは、大きく羽を広げました!」

子どもたちがその気になれるように少し大げさに言ってみましょう。「大きく羽を広げるとどこまで飛ぶことができるかな?」などと楽しみましょう。

ポイント

勢いをつけて起き上がる

両足を両手でしっかりと持ち、片方の肩がマットについたら少し勢いをつけて起き上がります。まずは保育者が見本を見せてあげるとよいでしょう。

上級

「おでかけっちょう」のポーズ(足裏を合わせて座る)のまま、左右に揺れて「ゆらゆらっちょう」に変身。振り子のように、揺れては戻る動きをくり返し楽しみましょう。

最後は腹筋を使ってゆらゆら揺れる「ゆらゆらっちょう」に挑戦!

道路工事はじめま～す

★★☆

運動効果・育つ力

- バランス力
- 腕支持力
- 筋持久力
- 腹背筋力

ねらい　四つんばいの体勢に変化をつけ、バランス感覚を身につける

準備物

- マット2枚以上

あそび方

保育者は「道路工事をはじめまーす」と元気よく子どもたちに伝え、「ガンガン、ドドドド」など自由に効果音を言いながら2枚のマットを少し間隔をあけて平行に並べます。子どもたちは、ハイハイのポーズで車などに変身し、前進します。

あそびが深まることばかけ

「おやおや、道路にすきまが!? 落ちないように運転するよ～! ブーン」

子どもたちの気分を盛り上げ、まずは保育者がハイハイで前進してみせましょう。

アレンジ

マットとマットの間隔を、少しずつ広くしていきます。四つんばいのまま身体の向きを変え、横向きで進んだり後ろ向きでバックしたりして楽しみましょう。
マットがない場合は、長なわやビニールテープなどで道路をつくってもよいでしょう。

レベルアップ

おしりを高く上げて大きな車になったり、あお向けでへんてこ車になって進むなど、いろいろな体勢で挑戦してみましょう。スピードアップしても楽しいですね。

おしりを高くあげて

あお向けになって

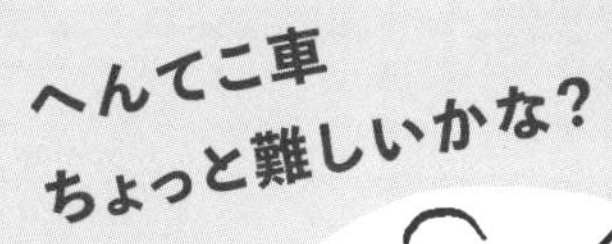

だれかのたまご

★★☆

運動効果・育つ力

- 回転感覚
- 協応性
- 腹背筋力
- 想像力

ねらい 想像することを楽しみながら
回転感覚を養う

準備物

- マット
- ボール

あそび方

保育者は、ボールを持ち「だれのたまごだろう？」と、子どもたちに問いかけます。すると、「○○のたまご！」といろいろ答えてくれるでしょう。保育者は「○○のたまごを割らないように守ってね」と声かけをし、子どもは両手を上にあげてボールを持ち、横にコロコロと回転して楽しみます。

アレンジ

ボール（たまご）をおなかで抱えたり、足にはさんだりして回転してみましょう。マットを重ねて坂道をつくっても楽しいですよ。

おなかでたまごを守る

手と足でたまごを守る

坂道でもたまごを守る

ポイント

たまごは落としても素早く拾えばOK

まずは、保育者が楽しそうに見本を見せるとよいでしょう。たまごを落としてしまう姿も見せてあげると安心して取り組めます。「たまごを落としたときは、素早く拾えば大丈夫！」というルールをつくっておくとよいですね。

たまごタクシー

★★☆ 親子

運動効果・育つ力
- 協応性
- 協同性

ねらい
仲間と力を合わせて
ボールを運び、協同性を養う

準備物
- マット
- ボール

あそび方

２チームに分かれて、４人組をいくつかつくります。マットの端を４人で持ち、マットの真ん中にたまごに見立てたボールを１個置きます。４人は、たまごを落とさないようにタクシーの運転手気分で運び、次のチームに渡します。先にゴールしたチームの勝ち。または、たまごを落とさないでゴールしたチームの勝ちなど、ルールを決めてあそびましょう。

ポイント

ボールは少し空気を抜いておくと転がりにくい

ボールの空気を少し抜いておくと、ボールが転がりすぎるのを防げます。ボールがよく落ちてしまう場合は、運転手を１人増やし、落ちそうになったら手で支えたり転がったボールを素早く拾ったりする役割をつくると、スピード感も出て楽しい展開になります。チームごとに作戦会議をしたり、新たなルールを追加したりしてもよいですね。

ゆきだるまわり

★★★

ねらい 身体を丸めながら前後に揺れる感覚を楽しむ

運動効果・育つ力
- 協応性
- 腹背筋力
- バランス力

準備物
- マット

あそび方

ひざを抱えて座り（三角座り）、ゆきだるまになります。「ゆきだるま～ おおきくな～れ～ おおきくな～れ」と言いながら、身体をギューっと抱えたまま後ろに倒れて後頭部をマットにつけたり、起き上がったりをくり返してあそびます。

ポイント

「前転」の導入にぴったりなあそび

身体を丸める動きは、前転あそびにもつながるのでおすすめです。おなかと背中に力を入れながら、勢いをつけて身体を起こす少し難しい動きですが、くり返しあそぶとできるようになるため、達成感を味わいやすいでしょう。ひざにあごをぶつけないように気をつけてあそびましょう。全身をタイミングよく動かすとひとつの動きになります。

あそびが深まることばかけ

「両手に力を入れて、シートベルトをガチャン！」
「背中を丸めてゆきだるま！」

両手でしっかりひざを持つことや背中を丸めることがイメージしやすくなる声かけをすると、動きやすくなるでしょう。

\ COLUMN /

マットあそび

マットあそびを十分に楽しんだら!

前転

マットあそびで「起き上がる感覚」をつかんでおこう!

下で紹介している簡単にまわれる「前転」のポイントをおさえてから挑戦すると、できたときの達成感がたっぷりと味わえます。また、「おでかっけちょう!(上級)」(59ページ)や「ゆきだるまわり」(65ページ)で起き上がる感覚をつかんでおくと、よりスムーズに動けるようになります。身体を前に丸める動作は、てつぼうの「まえまわり」の動きにもつながります。

簡単にまわれる前転のポイント

前転を安全に楽しく行うためのポイントを紹介します。
コツを覚えたら簡単にまわれるようになります。

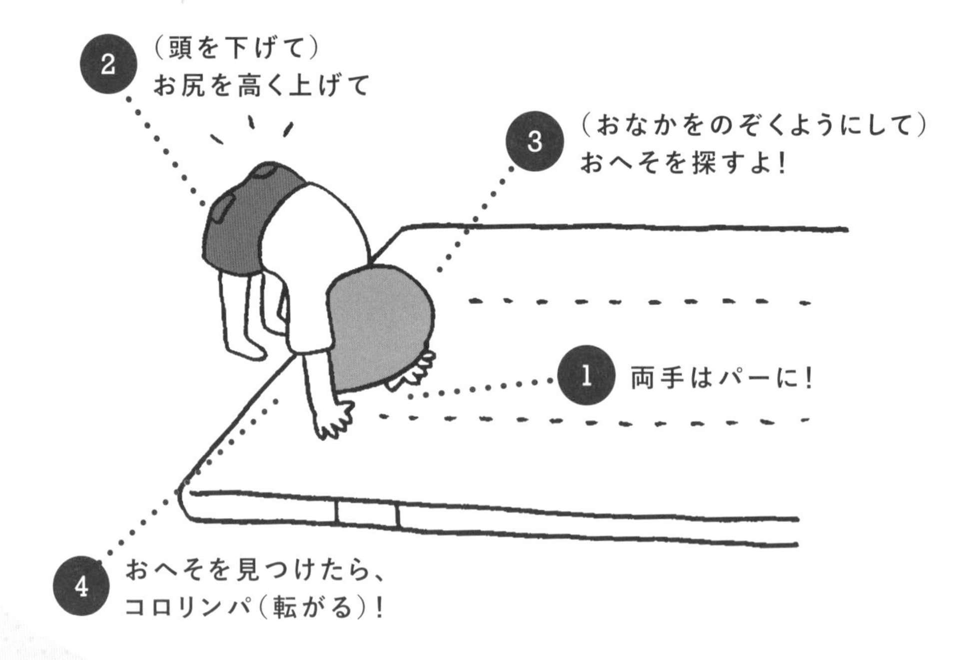

advice

ゆっくりとした動きでポイントを伝えながら動きのイメージを視覚的に伝えましょう

前転あそびをはじめる前に、まずは保育者が前転をして動きのイメージを視覚的に伝えましょう。いろいろな角度から観察できるように配慮し、ゆっくりとした動きで、ポイントをことばで伝えましょう。

最後の着地はおしりがついていてもよい。
慣れてくると身体を起こす力がついてくる。

前転の補助

補助をするときは、片手で頭と首を支え、もう片方の手で太ももの裏を少し進行方向に押します。

PART 5

ボールあそび

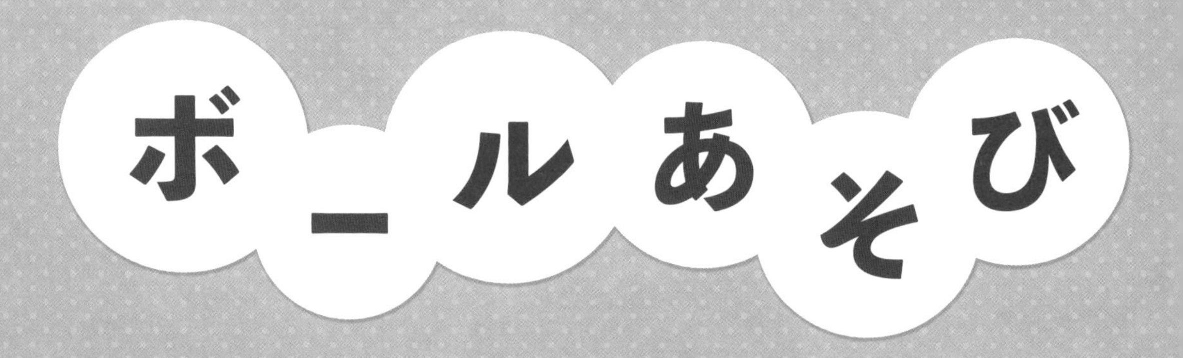

全身運動になるボールあそびを日々の保育に取り入れてみませんか?

ボールを投げる動きは、全身運動です。
ボールを手でしっかりとつかむ力や腕の力も使います。
身体全体を上手にコントロールして上半身をひねり、片足へ重心移動しながら
手首のスナップを使って投げる。
この一連の動きをスムーズに行うことが必要です。

私の体操教室では、ボールあそびの時間をつくるように心がけています。
なぜなら、身体を調整する力が存分に発揮されるからです。
1人1個ボールを持ち、音楽を流しながら自由に投げています。
はじめてのボールあそびには、ハンドボールぐらいの大きさで、柔らかいボールを使います。
目で追いやすいカラフルなボールです。
低年齢児には、空気を少し抜いてつかみやすくして
当たっても痛くないように、やわらかいボールを使います。

ボールは「弾む・転がる・支える」といった特性があり、
「投げる・とる・転がす・乗る・蹴る・打つ・持つ・つかむ・渡す・運ぶ・はさむ」など
多様な動きを引き出してくれる、とても魅力的なあそび道具です。
ボールの大きさによって、あそびが変化していくのもおもしろいですよ!

全身運動になるボールあそびを、
日々の保育に取り入れてみてはいかがでしょうか?

たいこオニごっこ

★☆☆ 2歳～

ねらい　ボールに親しみながら、オニごっこを楽しむ

運動効果・育つ力
- 敏捷性
- バランス力
- 判断力

準備物
- ボール

あそび方

保育者は、たいこが大好きなオニ役。子どもたちはボールをたいこに見立てて持ち、オニに取られないように逃げます。オニにたいこを取られそうになったら、座ってたいこをたたくと、オニはリズムにのって踊りだし、たいこを取ることはできません。「逃げる」「たいこをたたく」をくり返し楽しみます。

ポイント

座っている子が増えたらルール変更

座ってたいこをたたいている子が増えてきたら、オニは、「たいこをたたいても10を数えて追いかける」「たいこの音が聞こえていても踊らない」などルールを変更すると運動量が上がります。子どもたちとルールを考えながら進めていきましょう。

ボールちゃんのマッサージ

★★☆

運動効果・育つ力

- バランス力
- 協応性
- 柔軟性

ねらい　ボールの上にさまざまな体勢で乗り、感触や転がる特性を楽しむ

準備物

- ボール

あそび方

ボールの「転がる・支える」特性をいかしたあそびです。身体のいろいろなところにボールを当て、「ボールちゃんのマッサージ気持ちいいな」などと言いながら、乗ったり動かしたりしてあそびましょう。

ポイント

ボールの特性をいかしバランス感覚を鍛える

ボールの上に上半身や足を乗せて、止まってみたり前後に動かしてみたりすることで、バランス感覚がより鍛えられます。「身体のどこをマッサージする？」と子どもたちに聞くことでおもしろいアイデアが出て、楽しい活動につながります。

おなか

おなかにボールを当て、前後に動かす。

背中

あお向けになり、背中にボールを当てて前後に動かす。

足全体

足を開き、ボールを足に沿って動かす。背中の後ろを通して、前に戻すことをくり返す。

ふくらはぎ～おしり

あお向けで腕を立て、ボールに足首を乗せてバランスをとる。おしりのあたりまでゆっくり動かしたり、足首に戻してピタッと止めたりする。

足首

うつ伏せになり腕を立て、ボールの上に足首を乗せてバランスをとる。

いすバランス

★☆☆～★★★　2歳～

運動効果・育つ力
- バランス力
- 協応性
- 腹背筋力

ねらい　ボールの上に座り、揺れたり弾んだりする感覚を楽しみながらバランス力を養う

準備物
- ボール

あそび方

ボールをいすに見立て、「このいす、びよんびよんして、おもしろい！」など、興味がわく声かけをしながら、バランスあそびを楽しみます。

初級

ボールに座り、バランスをとりながら上下に弾みます。

びよんびよん～

びよんびよん、いすバランス
いすから落ちないで～！

ポイント

グラグラ揺れる感覚を楽しみバランス力を高める

ボールの上に座り、足を広げたり両手を上げたりすることで体勢が崩れそうになりますが、身体はグラグラしないように姿勢を直して保とうとします。この動作が、バランス力を高めてくれる大切な動きです。右手を上げたり左足をちょっと上げたり、びよんびよんといすの上で軽く弾みながらグラグラ揺れる感覚を楽しみましょう。

中級

足を開いてボールに座り、バランスをとります。

足を開いて、いすバランス
グラグラしちゃう～

あそびが深まることばかけ

「バランス上手！ すごーい！」
「どうしてピタっと止まれるの？」

たくさんほめてあげましょう。できたときの喜びは、次へのやる気につながります。

上級

ボールに座り、ゆっくり足を開いたり閉じたりしてバランスをとります。

足を開いたり閉じたり
難しい～!!!

ポイント

おなかと背中の力がつく

腹筋と背筋をたくさん使うあそびです。バランス力とともに集中力が高まります。

どんぐりキャッチ

★☆☆～★★★ 親子

運動効果・育つ力
- 巧緻性
- 協同性

ねらい 身体を上手に使い、友達と一緒に
ボールを転がしながら巧緻性を高める

準備物
- ボール

あそび方

2人で向かい合い、少し離れます。ボールをどんぐりに見立て、「どんぐりコロコロ～」と言いながら転がし、互いにパスをしたりキャッチをしたりして楽しみましょう。

ポイント

少しずつ離れてみる

はじめは近くで転がし、慣れてきたら少しずつ離れて転がしてみましょう。

低年齢児の場合

低年齢児の場合は、保育者がボールを転がしてあげましょう。子どもは拾って保育者に渡し、同じ動作をくり返し楽しみます。また、大きなバスタオルにボールを集めて「どんぐりごろ〜ん」の合図でボールを転がしても楽しいですよ。自由に、のびのびあそべるように、安全な環境づくりを心がけましょう。

レベルアップ！

足を開く、四つんばいになる、片足を立てるなど、身体でつくったいろいろなトンネルにボールを転がしてみましょう。はじめは近くからチャレンジするとよいですね。

ボールを上手にコントロール♪

せんたくばさみかけっこ

★★☆

運動効果・育つ力

- 協応性
- バランス力

ねらい　身体のさまざまな部位に
ボールをはさんで、走る動きを楽しむ

準備物

- ボール

あそび方

身体のいろいろなところにボールをはさみ、「にんげんせんたくばさみ」に変身！　そのまま楽しく走ってあそびます。

パチン、パチンと、
どこでもはさんじゃうぞ〜

うでばさみ

両腕でボールを
はさんで走る。

ポイント

「どこにはさもうか？」と
聞いてみよう

どこにはさむかを子どもたちに聞いてみると、いろいろなアイデアが出てきます。最初は保育者が楽しそうにボールを身体ではさむところを見せてあげましょう。

アレンジ

2チームに分かれ、せんたくばさみかけっこリレーをしても楽しめます。コーンなどで折り返し地点をつくり、次の子にボールを渡します。

わきのしたばさみ

わきのしたにボールをはさんで走る。

ひざばさみ

床に座り、ひざとひざの間にボールをはさんで、腕を使っておしりを前に進める。

あしばさみ

足の間にボールをはさんで前に進む。

びよよ～んポンキャッチ

★★★ 親子

運動効果・育つ力
- 敏捷性
- 巧緻性

ねらい 投げたボールに素早く反応し、キャッチする

準備物
- ボール

あそび方

ボールを両手で持ち、顔や頭の高さまで持ち上げ「びよよ～ん」と言いながら床や地面に力いっぱいボールを投げ、弾んだボールをキャッチします。

ポイント

弾むタイミングで「ポン！」

まずは保育者が楽しそうに、自分で投げたボールを目で追いながら、弾むのと同時に「ポン！」と言ってからキャッチする姿を見せてあげると、とるタイミングが理解しやすいでしょう。

アレンジ

2人組で相手の子が「びよよ～ん」と投げたボールをキャッチします。交互にくり返し楽しみましょう。

ホイホイゲーム

★★★ 親子

運動効果・育つ力
- 瞬発力
- 巧緻性
- リズム力
- 敏捷性

ねらい 全身を使い、勢いよくボールを投げる

準備物
- たくさんのボール
- マットや長なわなどセンターラインをつくるもの

あそび方

マットや長なわなどを使ってセンターラインをつくります。２チームに分かれ、相手側にボールを「ホイホイ」投げ入れてあそびます。たくさんのボールを用意して、自由に投げる運動を楽しみましょう。思いきりボールを投げる機会が減っているからこそ、投げるあそびをたくさん経験させてあげたいですね。

ポイント

あそびに変化をつける

子どもたちがほどよく疲れてきたら、休憩しながら「片手でボールをつかんで投げてみよう」「反対の手でも投げてみよう」「遠くに投げてみよう」などと声かけをし、あそびに変化をつけましょう。音楽を流してワクワクする雰囲気づくりをするのもおすすめです。

運動有能感を高めよう!

「みてて〜!」は信頼の

「やったー」「できたー」という【運動有能感】は子どものやる気や自信につながる

子どもたちの「みてて〜！」ということばが大好きです。このことばが聞こえてくると、子どもたちが楽しいとき、うれしいとき、達成感を感じたとき、自信がみなぎっているときの喜びを共感できる瞬間がやってくるからです。「みてて〜！」は「信頼」の合いことばだと思っています。なぜなら、子どもは知らない通りすがりの人に「みてて〜！」とは声をかけませんよね。

どんな些細なことでもいいのです。子どもたちの動きを観察して“急かさず・焦らさず”、その子に合った多くの「成功・達成体験」を積み重ねていきましょう。「やったー」「できたー」という【運動有能感】をたっぷり味わうことができれば、身体を動かす喜びになり、健康と体力の保持増進へとつながっていきます。

【運動有能感】を味わうために重要なことは、「やさしい動き」の提案からはじめること!

目の前にいる子どもたちが達成できると思われる動き（あそび）を提案することからはじめましょう。「やさしい動き」から「難しい動き」へと発展していくことで、簡単な動きができた喜びが、次へのやる気につながります。

まずは、「自分にはできる」という自信がつく動きで自分を認め、「練習すればできるようになる」という見通しがもてるようになり、「ほめられた」という認められた自信へとつなげていくと、【運動有能感】をより味わうことができるでしょう。

合いことば！

運動の上達や成功の体験から得られる「やればできる」という自信を【運動有能感】といいます。
運動有能感を高めることは、身体を動かす喜びにつながります。

運動有能感 1　自分に肯定的な認知（自分を認める）

こんなのかんたん！
ぼく、できるもん！

という自信

運動有能感 2　努力したらできるようになるかな？ という見通し（予測）

れんしゅうすれば
できるもん！

という自信

運動有能感 3　受容的な認知（他者から認められる）

ほめられちゃった！
イエーイ！

という自信

すご〜い！
ボールとれたね！

PART 6

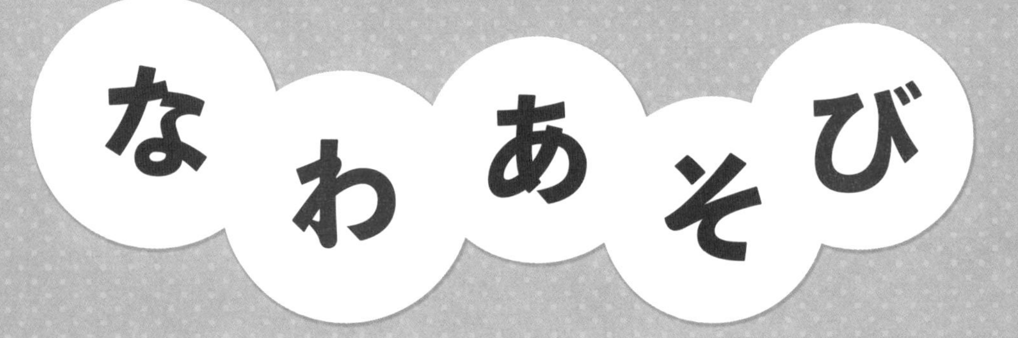

なわあそび

なわの保管方法

なわの保管方法で一番のおすすめは、まっすぐ伸ばしてつり下げるなどしておくことです。ねじれぐせがつくと、跳びにくくなるからです。なわを結んで保管する場合は、ギュッと結ばず緩く結ぶことでねじれぐせがつきにくくなります。ただし、子どもの首になわが引っかかるなどの危険がないように保管場所には最善の注意を払いましょう。

なわは緩く結ぶ

なわあそびは跳ばなくてはいけないわけではありません

みなさん、想像してみましょう。はじめて子どもたちがなわを触りました。
その瞬間、跳ばなければいけなかったら？
なわあそびを好きになってくれるでしょうか？

「できないもん」「やりたくない」ということばで、「苦手」を知らせてくれる子はいませんか？
いつから苦手意識が芽生えたのでしょう。
なわを見ると、跳ばなければいけないという思いが
そこには隠れている気がしてなりません。

あそぶとは、楽しむということ。
なわという存在は、子どもたちの自由なあそびのなかに
もっと活用されてよいのではないでしょうか。
もちろん、跳んで楽しいなわあそびもたくさんあります。
私は、「楽しいな～！」「また、やりたい！」からはじまる運動あそびが大好きです。
なぜなら、そこには子どもたちの笑顔があるからです。

身体を動かす楽しさを伝えるには、その「楽しい」という「笑顔」を
たくさん引き出してあげることが大切です。
まずは、跳ぶ前におすすめのあそびを紹介していきます。

どうぶつたちのすべりだい

なわへの興味を高める 1

★☆☆ 2歳～

運動効果・育つ力

- 巧緻性

ねらい 指先を使ってなわに紙コップを通しながら巧緻性を養い、なわへの興味を高める

準備物

- 長なわ
  ※短なわでもよい
- 小さい紙コップ

あそび方

紙コップは、事前に保育者が底をくり抜いておきます。子どもたちは紙コップに自由に絵を描いたり、シールを貼ったりして楽しみます。まずは保育者が「ぞうさん、今日も大好きなすべりだいへ！」などと声かけをし、なわに紙コップを通して「スイスイスーイ」と楽しそうにすべらせます。子どもたちも一緒になわにコップを通し、すべらせてあそんでみましょう。

ポイント

手先の器用さが養われる

なわに紙コップを通す作業は手先の器用さが養えます。また、紙コップをゆっくりすべらせたり、スピーディーにすべらせたりと変化をつけると、目で追う感覚がより楽しめますよ。

アレンジ

短なわに紙コップを通して、両端を持ち、上下左右と自由に動かしてみましょう。床と紙コップがぶつかり、いい音がしますよ。

あそびが深まることばかけ

「うさぎさん、はじめてのすべりだい!」
紙コップに描かれた動物がすべりだいをすべるなど、子どもたちが夢中になる設定をつくりましょう。

なわペンタイム

なわへの興味を高める ②

★☆☆

運動効果・育つ力

- 想像力
- バランス力
- リズム力

ねらい なわを使って自分でイメージした形づくりを十分に楽しみながら身体を動かす

準備物

- 短なわ
  ※長なわでもよい

なわを使って、いろいろな形をつくります。友達のなわと合体させて大きな作品をつくってもよいでしょう。完成したらなわをジャンプしたり、なわの中に入ってかくれんぼをしたりして楽しみます。

たまねぎ

ねぎ

りんご

りんごの中に入って かくれんぼ！

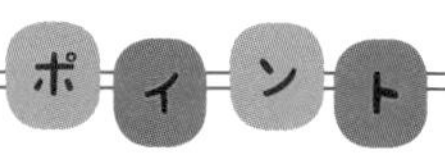

身近にあるものをテーマにしよう

「好きな野菜やくだものでつくってみよう」など、子どもにとって身近なもの、親しみのあるものをテーマにしてつくってみるとよいですね。イメージが膨らんで楽しくあそべます。

アレンジ

なわをたくさん並べて、横断歩道をつくります。なわを踏まないように、歩く・走る・ジャンプ・四つんばいのライオン歩きをするなど、たくさん身体を動かしてあそびましょう。また、なわをつなげてめいろや線路をつくるなど、子どもたちからもアイデアを引き出し、自由な発想をいかして楽しみましょう。

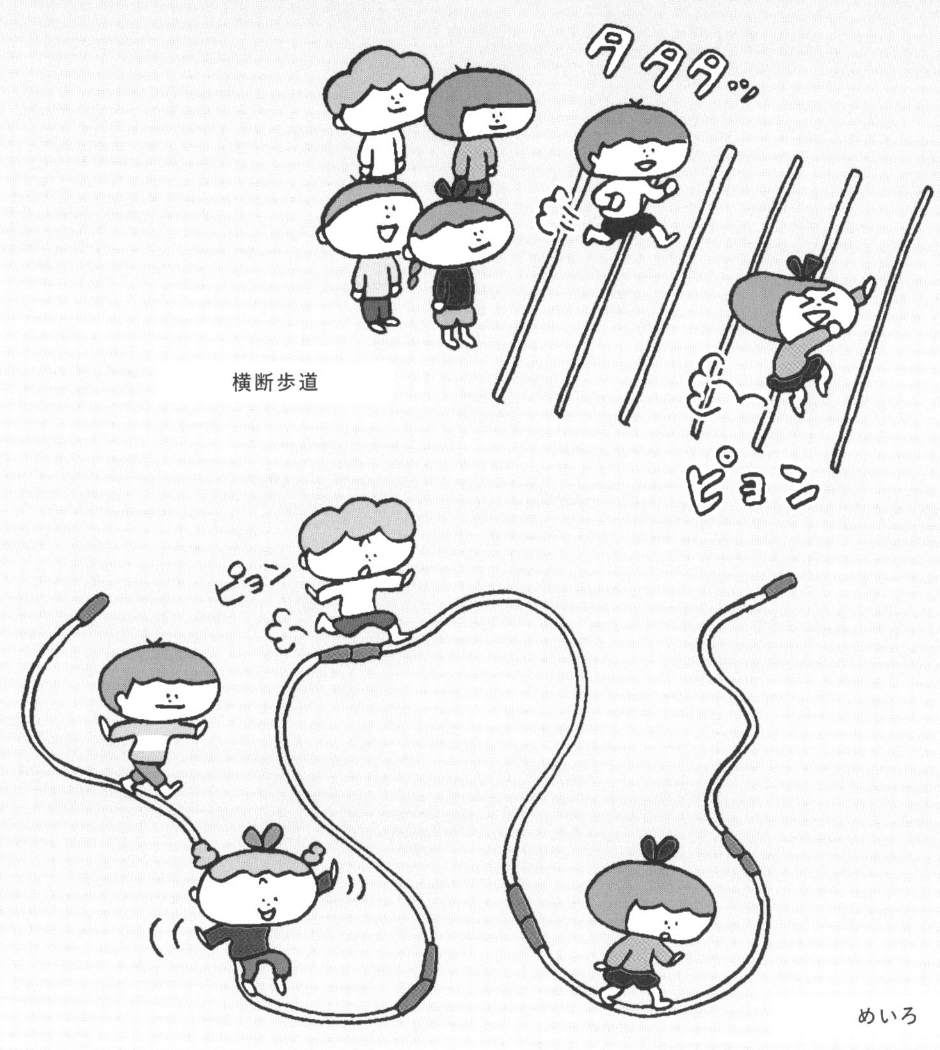

横断歩道

めいろ

ワンちゃんのさんぽ

なわへの興味を高める ③

★☆☆ 2歳～

運動効果・育つ力

- 想像力
- バランス力
- 走力

ねらい 想像する楽しさを味わいながら
なわへの興味を高める

準備物

- 短なわ

あそび方

「今日も、元気にワンちゃんのお散歩に行きましょう！」などと言いながら、短なわの先（グリップ）を犬に見立てて散歩します。グリップをやさしくなでたり、声をかけたり、想像力を豊かにして、自由に走りまわります。子ども同士がぶつからないように、広い場所であそびましょう。

ポイント

反対の手も使って両側性を意識しよう

楽しく動きまわれたら、「反対の手でなわを持ってみよう！」などと声をかけましょう。両側性を意識することで調整力を養い、多様な動きを引き出します。

アレンジ

なわを複数持ち、たくさんのワンちゃん（なわ）と散歩しても楽しめます。保育者がなわを持ち、「大変です！　ワンちゃんが逃げていきます～！」と伝え、子どもたちが衝突しないように配慮しながら逃げまわります。子どもたちは、自分のワンちゃん（なわ）をつかまえようとします。

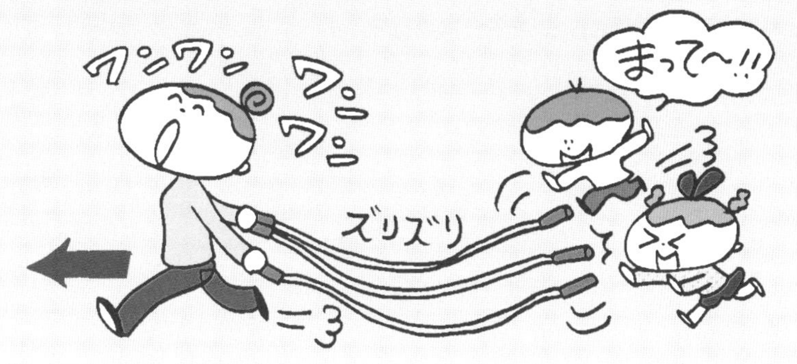

あそびの合間にジュースで乾杯！

なわの持ち方を伝えたいときに

活動の合間や次のあそびの話をする前などに、ジュースで乾杯!? なわのグリップをコップに見立ててあそびましょう。「なわの持ち方」を楽しく伝え、よい持ち方のくせがつく方法です。

1 なわを上にしてグリップをたてに持つ。

2 持ったグリップを友達と合わせ、乾杯する。１人の場合は両方のグリップを合わせても。

3 ジュースをおいしそうに飲むまねをする。

おふろのじかんだよ

なわへの興味を高める ④

★★☆

運動効果・育つ力

- 協応性
- バランス力

ねらい なわの多様な動かし方を楽しみながらバランス力を養う

準備物

- 短なわ

なわをタオルやスポンジに見立てて、身体をゴシゴシ洗ってあそびます。「みんな、おふろの時間だよ～！」などと声かけをして、おふろ気分を盛り上げましょう。

背中・おしりをゴシゴシ

背中やおしりになわを当て、左右に動かす。

足の裏をゴシゴシ

足の裏になわを当て、左右に動かす。

くるくるマシーンで全身をゴシゴシ

なわを2つ折りや4つ折りにして、身体の前でなわの端を両手で持つ。片足ずつなわをまたぎ、なわを背中から頭の上をまわして身体の前に戻す。

○○がキター！

★☆☆ 親子

運動効果・育つ力

- 想像力
- バランス力

ねらい 身体のバランスを保ちながら
動くなわを跳んで楽しむ

準備物

- 長なわ

子どもたちは、横１列に並びます。保育者は２人で長なわの両端を持ち、「○○がキター！」と言いながら、なわを床に沿わせるようにして子どもたちが立っている方向へなわを動かします。子どもたちは、なわをジャンプします。○○に何を入れるか、子どもたちからのアイデアをいかしてあそびましょう。

★例：昆布が流れてキター！／へびさんがクネクネキター！／小さい（大きい）波がキター！

うえにもキター

「頭の上にもキター！」と言って、少し高い位置までなわを持ち上げます。子どもたちは四つんばいや低い姿勢になって進んでも楽しめます。

※首に引っかからないように気をつけましょう。

1・2・さんまでなわくぐり

★★☆ 親子

運動効果・育つ力
- 敏捷性
- リズム力

ねらい なわをくぐり抜ける動きを楽しみながら
なわと自分の位置関係を把握する

準備物
- 長なわ

あそび方

なわの両端を保育者が持ち（一方を安全な場所に結びつけてもよい）、なわをまわします。子どもたちは、保育者の近くに並び、「1・2・さんまー」と大きな声で数え、「さんまー」のタイミングで1人ずつなわをくぐります。保育者は子どもの動きに合わせてなわをまわすように心がけましょう。

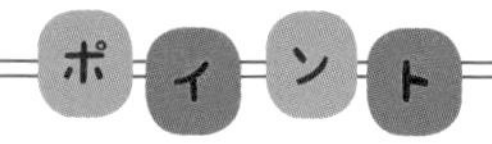

なわをまわす人の近くをくぐるとひっかからない

なわをまわす人の手のあたりは、なわに当たりにくい空間です。あそぶ前に「なわをまわす人の近くを通ると、とっても簡単だよ～！」と伝え、まずは保育者が見本を見せてあげましょう。

長なわの持ち方

長なわは、手に巻きつけずに、すぐ離せる状態で持ちましょう。子どもの足や首がなわに引っかかったときに、すぐ離せるようにするためです。なわの長さを調節する場合も手に巻きつけずに持つ位置で調整し、あまった部分は反対の手で持ちます。

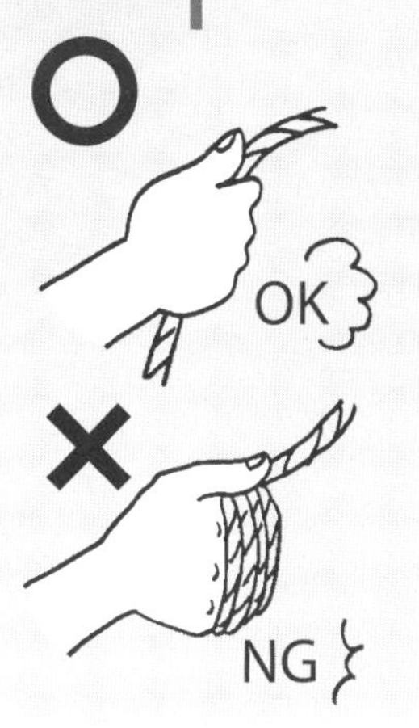

ポイント

「さんま」の「さん」がベストタイミング

さんまの「さん」でなわをくぐるとタイミングをつかみやすいことも伝えましょう。

「いってらっしゃい」ゲーム

★★★ 親子

運動効果・育つ力
- 協同性
- 走力

ねらい 仲間と共通の目的に向かう楽しさを
味わいながら身体を動かす

準備物
- 長なわ2本(2色)

あそび方

2チームに分かれ、チーム名を決めます。保育者は、長なわ2本を小さくたたんで持ち、「いってらっしゃ〜い」と言いながら、遠くに投げます。子どもたちは、仲間と協力して自分のチームのなわをまっすぐ伸ばして地面に置き、なわの上に乗ります。チーム全員がなわに乗って「ただいまー!」と大きな声で先にさけんだチームの勝ちです。

ポイント

なわはなるべく
広がらないように投げる

みんなで力を合わせてなわを広げるのも楽しさのひとつです。両チームがぶつからないように広い場所へ投げるようにしましょう。

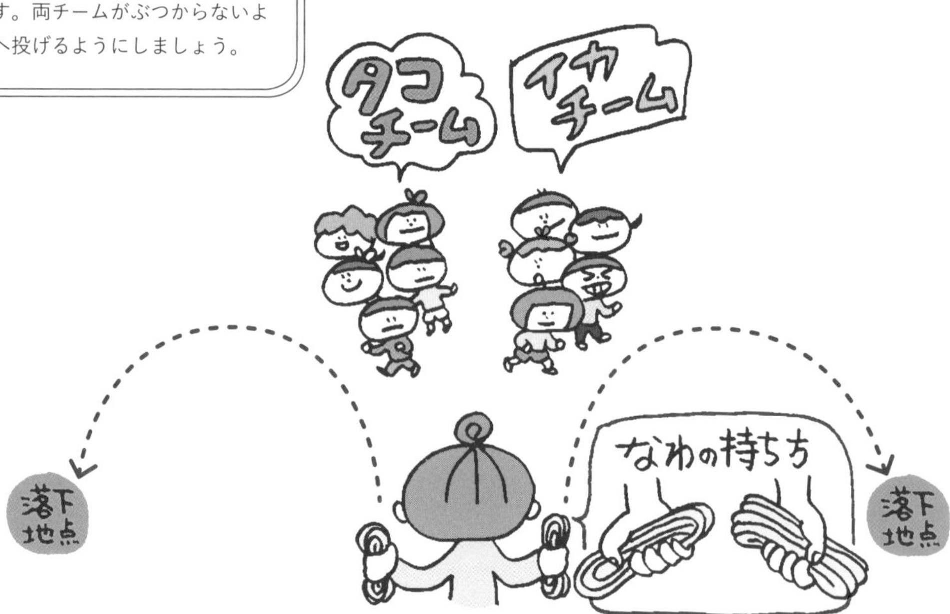

アレンジ

広げるなわの形や最後の動き（先にどうすると勝ちか）に変化をつけてもよいですね。例えば、投げる前になわの両端を結んでおき、円形に広げて家に見立て、その中に入って「ただいまー！」と言うなど。子どもたちのアイデアも聞いてみましょう。

まねっこジャンプ

★★★ 親子

運動効果・育つ力

- リズム力
- 全身持久力

ねらい　リズムに合わせて跳ぶ楽しさを味わう

準備物

- 短なわ（大人用）

保育者がなわを持ち、子どもと向かい合います。最初は、なわをまわさず、童謡の『とんぼのめがね』など四拍子の歌に合わせてその場でジャンプします。２人のジャンプのタイミングが合ってきたら、保育者は、子どもの跳躍に合わせてなわをまわします。自然と「２人とび」ができるようになります。

ポイント

１回旋２跳躍のリズムでなわをまわす

まえとびのリズムをつかむには、１回旋２跳躍のリズムでなわをまわすとよいでしょう。大切なのは、子どもたちに１回でも「できた！」という喜びを感じさせてあげることです。

COLUMN / なわあそび

なわに親しみ、リズムをつかんだら！

まえとび

「視線」と「リズム感覚」「つま先で跳ぶイメージ」が重要

なわとびは、「視線」と「リズム感覚」が大切です。短なわでも長なわでも、なわを跳ぶときは、視線を正面に向けることが重要です。目線が低いと前かがみになり、上手に跳ぶことができません。また、かかとに重心がのっているとリズミカルに跳べないので、「つま先で跳ぶ」イメージを伝えましょう。「まねっこジャンプ」（96 ページ）をくり返しあそんでから、まえとびに挑戦するとよいでしょう。まえとびは、動くなわに合わせてタイミングよくジャンプをしなければならない、とても難しい動きです。ゆっくりあそびを進めていきましょう。

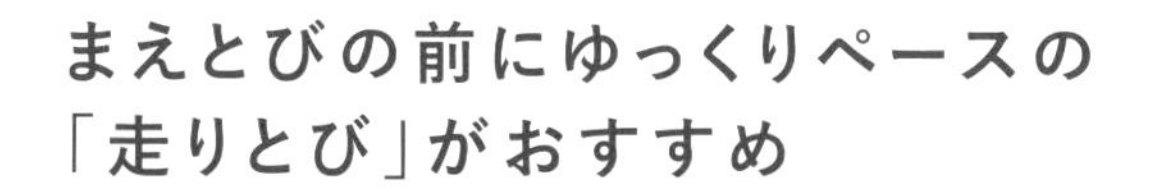

まえとびの前にゆっくりペースの「走りとび」がおすすめ

子どもたちを観察していると、まえとびより走りとびのほうがスムーズにあそんでいるように感じます。まえとびは、ひじを曲げてなわをまわしますが、走りとびはひじを伸ばしたままダイナミックになわをまわしてもできるので、自然にあそべるのかもしれません。まずは、ゆっくり走りとびからチャレンジしてみてもよいでしょう。

PART 7

てつぼうあそび

てつぼうの握り方

おすすめは順手（手の甲を上にして上から握る）です。親指を下にすることで、落下防止になります。子どもが自然にてつぼうを握ると親指が上になることが多いです。子どもの握りやすさを尊重しながらも、「お父さん指は下が好き」などと声をかけていくとしっかりと握れるようになります。

親指は下にして
落下防止！

子どもの自然な
握り方

「まえまわり」「さかあがり」だけではない さまざまな力がつくあそび方があります

てつぼうあそびは、「握るという動作」と「逆さ感覚」を引き出します。
より楽しむためには、あそびながらも身体を支える力などをつけなくてはなりません。

そこで、このパートでは、あそびを5つのステップに分けました。
ステップ1から順番に楽しむことで、
てつぼうへの興味を引き出しながら「ぶら下がる力」
「身体をてつぼうに引き寄せる力」「身体を支える力」などを養い、
楽しくあそびながらも力をつけられるようになっています。

「技」の練習をするというよりも、てつぼうの特性をいかし、
子どもたちにはいろいろな身体の動かし方を楽しんでもらいたいと思います。

運動あそびの研修会などで、
あそび方を教えてほしいという質問が多いてつぼうあそび。
楽しむ気持ちで、基本動作を習得していきましょう！

ぶら下がりながら握る感覚をつかむ

「とまります! おつかまりください!」

★☆☆ 2歳～

ねらい 模倣あそびを楽しみながら、ぶら下がる動きに慣れる

運動効果・育つ力
- 握力
- 筋持久力
- 想像力

準備物

室内の場合
- てつぼう
- マット

あそび方

保育者と子どもたちは、電車に乗ったつもりでてつぼうの周りをゆっくりと走ります。「電車に乗って、どこへ行きたい？」と、事前に子どもたちと行先を考えておくとよいでしょう。タイミングを見て保育者が「○○駅です。とまります！ おつかまりください！」と言うと、子どもたちはてつぼうにぶら下がります。「次は、何駅にする？」と駅名をかえながら、くり返し楽しみましょう。

ポイント

てつぼうの握り方を伝えておく

てつぼうの握り方をあそびながら伝えていきましょう（98ページ参照）。あそぶ前に保育者がぶら下がる動きを見せてあげるとよいですね。

アレンジ

園庭のてつぼうであそぶ場合は、前の子の肩に手を置いて電車をつくってもよいでしょう。保育者は先頭の子と両手をつなぎます。人数が多い場合は、2チームに分かれて順番にあそびましょう。保育者の「とまります！ おつかまりください！」の合図で、子どもたちは、近くのてつぼうにつかまります。

保育者が「次は、○○駅です。とまります！おつかまりください！」と言ったら、子どもたちは、てつぼうにぶら下がります。

ポイント

おもしろい駅名にして気持ちを高めておく

子どもたちに「次は、何駅にする？」と聞くと、「富士山駅」「パン屋さん駅」などおもしろい駅名がいろいろ出てきます。子どもたちの興味のある駅名にして気持ちを高めておくと、保育者の合図をワクワク、ドキドキして待つことができるでしょう。

「やさしい」動きからてつぼうへの興味を高める

おんせんタイム

★★☆

運動効果・育つ力
- 腹背筋力
- 想像力

ねらい 両ひじで体重を支える感覚を楽しみながら、てつぼうへの興味を高める

準備物

室内の場合
- てつぼう
- マット

両ひじを曲げて腕をてつぼうに乗せ、腕の上にあごを置きます。ぶら下がりながら温泉に入っている気分になりきって、身体を前後に少し揺らしてあそびます。最初は、保育者が「いい湯だな～」などと、見本を見せるとよいでしょう。

あそびが深まることばかけ

「この温泉、あっちっち～」
「温泉に入りたい子は、どうぞ～」

まずは保育者が「いい湯だな～」と言いながら、実際にやって見せ、「温泉に入りたい子はどうぞ～」などとことばかけをして、盛り上げながら楽しみましょう。

ポイント

はじめは足のつく低いてつぼうが安心

あごをぶつけないようにてつぼうの高さを調整しながらあそびましょう。はじめは、足がつく低いてつぼうで行うと安心感があり、より楽しめます。てつぼうの高さを調整できない場合は、下にマットを重ねるなどして調整しましょう。

ステップ 3 「やさしい」動きの発展、活動意欲を高める

こんなことできるかな?

★★☆

ねらい てつぼうにぶら下がりながら、
さまざまな動きを通して握る力を身につける

運動効果・育つ力
- 握力
- 筋持久力
- 協応性

準備物

室内の場合
- てつぼう
- マット

あそび方

てつぼうにぶら下がりながら、足の裏を合わせたり、足の裏をてつぼうにつけたりしてあそぶことで、握力や腕の力がつくあそびです。おさるさんになりきったり、「足の裏がかゆい〜」などと言って、楽しみながらあそびましょう。

おさるのはくしゅ

てつぼうにぶら下がり、足の裏同士をパチパチ合わせます。

足の裏をかきかき

足の裏をてつぼうにつけ、こするように動かします。

ふれあいバージョン

保育者はおしりを床につけて、てつぼうにつかまり、子どもはてつぼうを握って、保育者のおなかにまたがります。保育者はブランコのように身体を前後に揺らします。「1・2・3・4・ゴリラ〜」などと数えながら子どもとのスキンシップを楽しみましょう。低年齢児にもぴったりなふれあいあそびです。

ステップ 4 身体をてつぼうに引き寄せる力をつける

ボーちゃんのすべりだい

★★☆ 親子

運動効果・育つ力
- 握力
- 筋持久力
- 腹背筋力

ねらい 両腕で身体を支えながら、
てつぼうに身体を引き寄せる動きを楽しむ

準備物

室内の場合
- てつぼう
- マット

あそび方

てつぼうを握り、両ひじを“ぎゅーっ”と曲げ、身体をすべり台のように斜めにまっすぐ伸ばします。保育者は、「ボールのボーちゃん、上手にすべり台をすべることができるでしょうか？」と言いながら、ボールを子どものあごの下あたりから足の先まで転がしてあそびます。

ポイント

てつぼうに顔を近づけると自然にひじが曲がる

「てつぼうにお顔を近づけるとよくすべるよ！」と伝えると、自然とひじが曲がります。この動きをくり返し楽しめるように、ボールの色や大きさをかえたり、身近にあるものを転がしてもよいですね。保育者が指人形をつけて子どもの身体をすべるようにしても楽しいですよ。

「げんきモリモリ★チャレンジ」（51ページ）のチャレンジ❷のあそびもてつぼうに身体を引き寄せる力が養えます。

ステップ 5 両腕を伸ばし、てつぼうにおなかを乗せバランスをとる

じてんしゃコギコギ

★★★

ねらい 自転車に乗っているイメージで、てつぼうにおなかを乗せて足を前後に動かす

運動効果・育つ力

- 腕支持力
- 協応性
- 腹背筋力
- 想像力

準備物

室内の場合
- てつぼう
- マット

あそび方

両腕を伸ばし、てつぼうの上におへその下あたりを乗せます。バランスをとりながら自転車をこぐように足を前後に動かしてあそびます。

あそびが深まることばかけ

「チャリンチャリーン!」
「今日は、○○まで自転車に乗ってお出かけします!」

保育者は「チャリンチャリーン」と元気よく言って見本を見せましょう。「○○まで」には、近所にある店の名前や子どもたちが行きたい場所を入れるとおでかけ気分が高まって盛り上がりますよ!

ポイント

マットを重ねて てつぼうの高さを調整

自分の力でできるように、てつぼうを低い高さに調整するとよいでしょう。ちょうどよい高さがない場合は、てつぼうの下にマットを重ねると安心してあそべます。

\ COLUMN /
てつぼうあそび

てつぼうに親しんだらチャレンジ！

まえまわり

大切なことは無理強いせず 自分の意思でまわること

このパートでのてつぼうあそびを楽しんで、両腕で身体を支える力がついてきたら、まえまわりに挑戦してみましょう。また、まえまわりの前に、前転（66ページ）であそび、「前に倒れる感覚」をつけておくとよいでしょう。大切なことは、無理強いせず自分の意思でまわることです。できなければいけないということはありません。「子どもたちと一緒に楽しむ」気持ちで取り組んでいきましょう。

まえまわりの補助

研修会などでよく質問されるまえまわりの補助の仕方。
はじめは保育者が補助をしながらやってみるとよいですね。
安心して行える方法を紹介します。

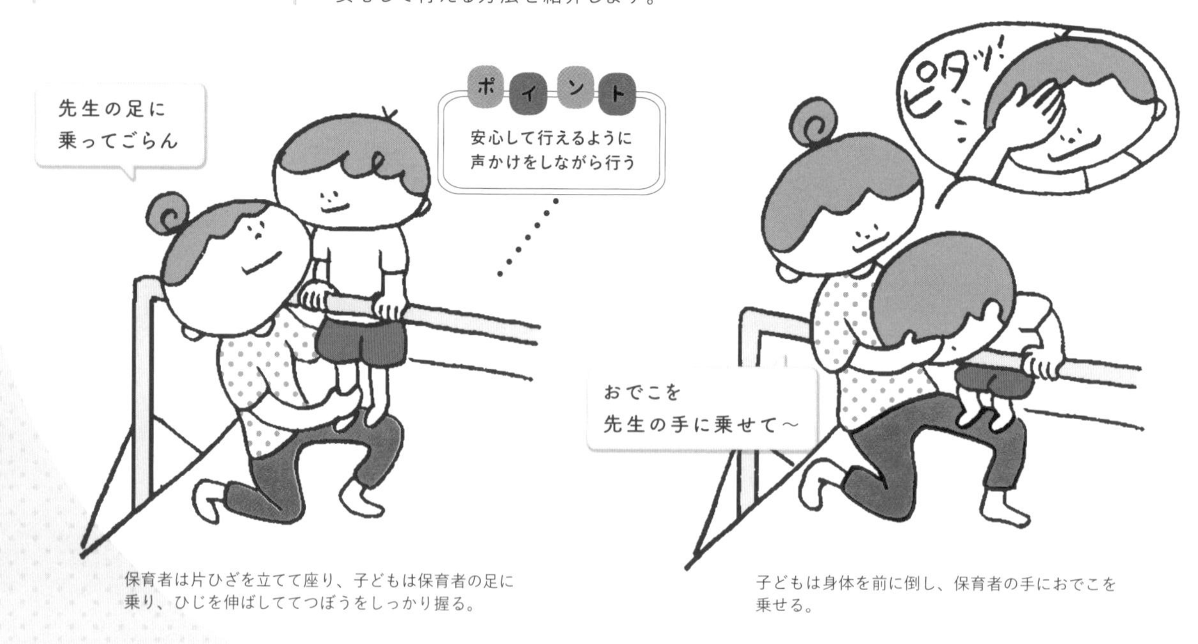

保育者は片ひざを立てて座り、子どもは保育者の足に乗り、ひじを伸ばしててつぼうをしっかり握る。

子どもは身体を前に倒し、保育者の手におでこを乗せる。

advice

安心してあそべるように てつぼうの高さを調整しましょう

高いてつぼうで前にまわる恐怖心から、身体が硬直しておなかを丸めることができない子がいます。そんなときは、足を地面につけたまま安心して身体を前に倒せるようにてつぼうの高さを調節して恐怖心を取りのぞいてあげましょう。まずは、基本動作である「握る」あそびがたくさんできるとよいですね。

※ちょうどよい高さのてつぼうがない場合は、「まえまわりの補助」を参考に足で台をつくってあげましょう。

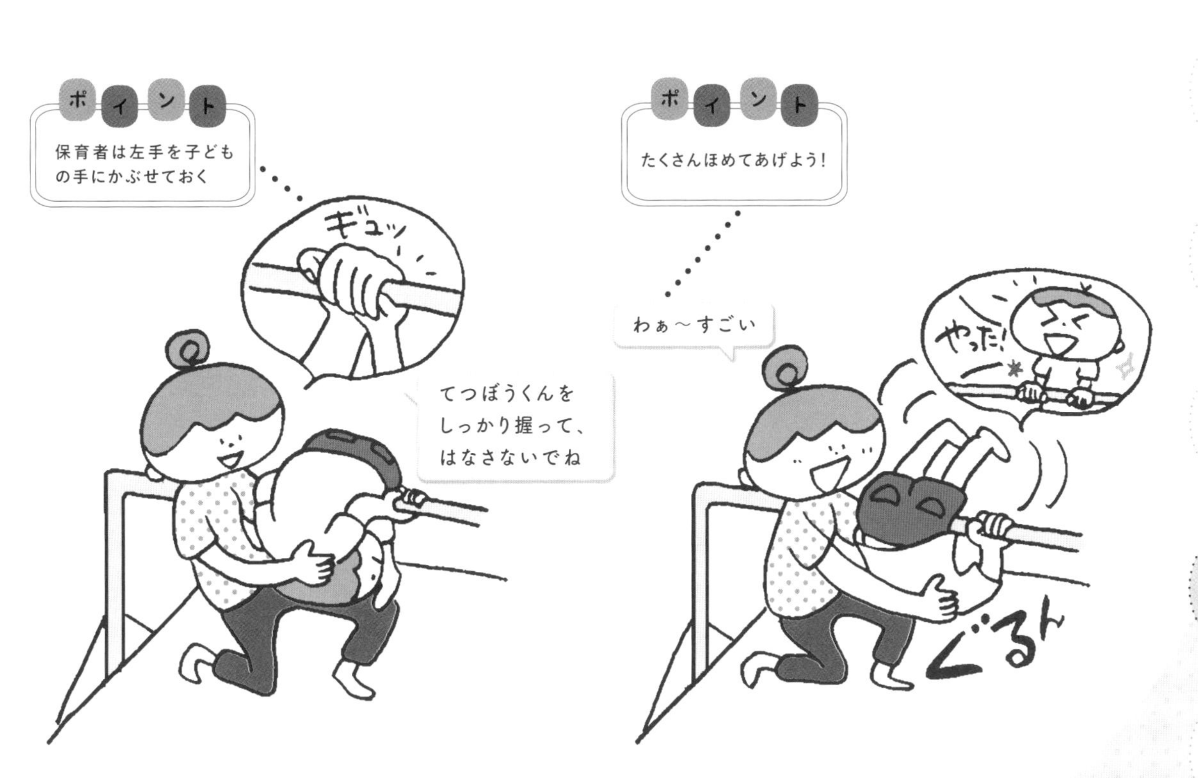

保育者は子どもの肩を包むように右手を添えて、左手を子どもの手にかぶせておく。

保育者は、腕全体で身体を支えながら子どもが自分の力でまわろうとする手助けをする。子どもがてつぼうをはなさないように最後まで左手を子どもの手にかぶせておく。

\ COLUMN /

てつぼうあそび

"くつしたロケット"で楽しみながら上達！

さかあがり

子どもたちの挑戦する気持ちを大切にして楽しくあそびながらアドバイスを

「やさしい動き」のてつぼうあそびを楽しむことでできることが増え、自信がついてくると、「あたらしいことがしたい！」「しりたい！」「おしえてほしい！」と、子どもが目を輝かせる瞬間があります。そんなときに話題になるのが「さかあがり」です。難しい技でも、「やってみたい！」という子どもたちの挑戦する気持ちを大切にし、楽しくあそびながらアドバイスしていきましょう。「さかあがり」に挑戦すること自体が、多様な動きを経験することにつながりますので、「できなければいけない」ということではありません。

「振り上げタイプ」と「力もちタイプ」ではさかあがりへの道のりが変わってくる

子どもたちを観察していると、さかあがりをするときに、勢いよく足を振り上げる「振り上げタイプ」と、全身に力を入れてひじを曲げてつぼうに近づきながらまわる「力もちタイプ」がいます。「力もちタイプ」より「振り上げタイプ」の方が成功までの道のりが長いので、楽しくあそびを続けていくとよいでしょう。「振り上げタイプ」の子におすすめの、さかあがりが上達する“くつしたロケット”を次のページで紹介します。

上のイラストは、「力もちタイプ」の子。補助するときは、腰のあたりを少し上に向かって押し上げる。自分の力でできるように押しすぎないことがポイント。

さかあがりが上達する“くつしたロケット”

「振り上げタイプ」の子どもにおすすめの
さかあがりが上達するとっておきのあそびを紹介します。
楽しみながら、くり返しあそんでくださいね！

❶ 上に振り上げる足の確認

まずは、左右のどちらの足が振り上げやすいかを確認し、その足を振り上げる際に「おへそを素早くてつぼうにつける」ことを伝える。

❷ “くつしたロケット”をくり返しトライ

振り上げる足のつま先にくつしたをはめる（しっかり履いてしまうと飛ばないので注意）。「くつしたロケット３・２・１」など、楽しいかけ声で足を振り上げる準備をする。

両腕で身体を支えながら、足を勢いよく上に振り上げ、くつしたを遠くに飛ばす。

ポイント
くり返しチャレンジして足を振り上げる感覚をつかもう

❸ さかあがりに挑戦！

“くつしたロケット”をくり返し楽しんだら、さかあがりに挑戦してみる。❶のときより足が上がりやすくなっているはず！

PART 8

巧技台あそび

バランス力・集中力・注意力を高める 巧技台のビームであそんでみませんか？

園の倉庫に巧技台が眠っていませんか？

巧技台の「ビーム」を使ったあそびは、
ゆっくり歩くだけで身体を安定させようと力が入り、
平衡感覚を養いながら、バランス力・集中力・注意力を高めてくれる優れものです。

このパートでは、「いつもとちがうところにいるみたい！」
そんな感覚が楽しめるビームあそびを紹介します。

低い高さでも十分楽しめ、ほどよい緊張感が「ドキドキ・ワクワク」の
好奇心へとつながります。

園にある平均台などを使用しても楽しめますので、子どもたちの様子を
見守りながら一緒に楽しくあそびましょう。

バランス感覚が身につく補助の仕方

子どもは大人（補助をする人）の親指を握ります。大人は、子どもが自分でバランスがとれるようにあまり力を入れずにサポートします。子どもがグラグラして危ないときは、親指以外の４本の指で子どもの手の甲を握って補助しましょう。

子どもは大人の
親指を握る

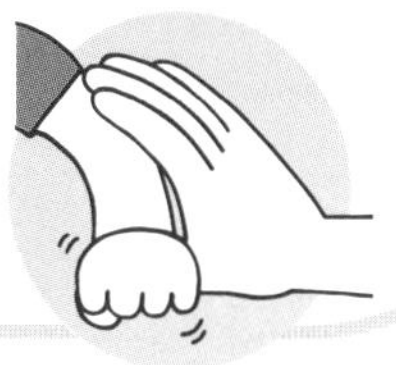

まえカニ？　うしろカニ？

★☆☆　2歳～

運動効果・育つ力

- バランス力
- 集中力
- 注意力

ねらい　バランスをとりながら、移動する動きを楽しむ

準備物

- 巧技台のビーム

巧技台のビーム（丸みのあるほうを上）を置き、その上をカニさん気分で歩きます。「まえカニ？」「うしろカニ？」「よこカニ？」など、好きなカニ歩きで渡りましょう。

ポイント

やさしい動きから難しい動きへ

はじめてあそぶときは、安心して活動できることが大切です。子どもたちの様子に合わせて、まずは、前向きのやさしい動きからはじめ、横向き、うしろ向きなど、難しい動きへと展開していきましょう。

まえカニ

よこカニ

アレンジ

高さや距離に変化をつけたり、渡った後にフープやトンネルなどを組み合わせたりしてもよいですね。

ポイント

「できたー!」という成功体験の積み重ねを

「できたー！」という成功体験を、たくさんつくってあげましょう。その積み重ねが「運動大好き！」という気持ちを高めてくれるはずです。

うしろカニ

カラフルストーン

★☆☆

運動効果・育つ力

- バランス力
- 集中力
- 注意力

ねらい 危険を認識しながら、
バランス感覚と集中力を高める

準備物

- 巧技台のビーム・ふた
- マット
- 折り紙

あそび方

巧技台のふたにビーム（平らなほうを上）を設置し、ビームの下には安全のためマットをしいておきます。折り紙を大きく丸め、いろいろな色の石「カラフルストーン」をつくります。できあがった石をビームの上に置き、踏まないようにまたいで渡ります。

ポイント

「またぐ」動作で バランス感覚が向上

「またぐ」動作を取り入れることで、より不安定な重心移動になり、バランス感覚が向上します。巧技台の高さは低くても、十分にバランス感覚が養えます。

あそびが深まることばかけ

「こんなところに、見たことのないピンクの石が！クンクン、桃の香りがする～！」

石をくだものに見立てるなど、保育者のユーモアたっぷりのことばかけで、楽しい雰囲気づくりを心がけましょう。

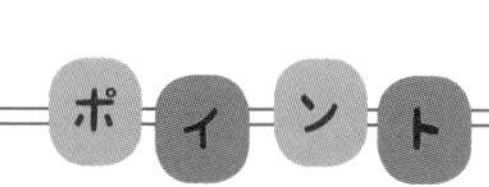

石を踏んだり 走ったりするのは危険

石を踏んだり走りながら渡ったりすると、すべって転んでしまうことなどを事前に伝え、安全に楽しくあそびましょう。

グーグーパンダ

★★☆

運動効果・育つ力

- バランス力
- 集中力
- 注意力

ねらい 障害物をのりこえることでバランス力を養う

準備物

- 巧技台のビーム・ふた・枠（低め）
- マット

あそび方

巧技台のふたと枠を重ね、ビームを設置し、安全のためにビームの下にマットをしきます。ふたの部分に保育者が座り、パンダになって「グーグー」と寝たふりをします。子どもは、パンダを起こさないようにゆっくりと歩いて、上手にのりこえて渡ります。保育者は、子どもが渡り切った後に目を覚まし、「グーグーグッド！」などとことばかけをして、ほめてあげましょう。

アレンジ

パンダ役の保育者を増やしたり、ビームに傾斜をつけたりしても楽しめます。

「起きちゃうかな？」とドキドキ・ワクワクするのが楽しい！

ポイント

保育者と子どもが自然とふれあえる

パンダに触れないと渡れないため、自然とふれあいあそびにもなります。また、パンダをのりこえるために、足を置く位置や手でつかまる場所などを考えながら動くので、頭の体操にもなりますよ。

へんしんおもち

★★★

ねらい リズムに合わせて表現あそびを楽しみ、さまざまな体勢でバランスを保ちながら動く

運動効果・育つ力

- リズム力
- バランス力
- 集中力
- 注意力

準備物

- 巧技台のビーム・ふた・枠（低め）
- マット

あそび方

巧技台のふたと枠を重ね、ビーム（平らなほうを上）を設置し、安全のためにビームの下にマットをしきます。『へんしんおもち』の歌に合わせて、動物や虫などに変身し、いろいろな体勢でビームを渡ります。ひとつの動きをみんなで楽しんだら、次は違うものに変身しましょう。どんな動物にするか、どんな渡り方にするかなど、子どもたちに問いかけながら進めていきましょう。

1 ㋶㋑㋔㋻が　おもちを やいたとさ

足を伸ばして座り（長座）、リズムに合わせて８回手拍子をする。
※○○○に動物や虫の名前を入れてうたう

2 パチパチパチパチ やいたとさ

足や腕など、全身を自由にたたく。

3 おもちが ふくらんで

身体を丸めて小さくなる。

4 「プ～」

「プ～」と言いながら、おもちがふくらむイメージでおしりを上げていく。
※「プ～」は、自由に伸ばして楽しむ

5 ㋶㋑㋔㋻に なっちゃった

手と足を伸ばし、おしりをさらに高く上げる。

6 

□□□に変身したものをイメージすることばを入れ、大きな声で言いながら立ち上がり、自由にポーズをとる。

へんしんおもち

作詞・作曲：森 麻美

7 ライオンになって渡る

ビームの上を変身した動物や虫などになったつもりで順番に渡る。

ポイント

安全に渡れるように高さは低くして

低い体勢での重心移動は（四つんばいや高ばいなど）バランスをとるのが難しいので、安全に渡れるように低い高さで行いましょう。渡る動作は集中力がなくなるとケガにつながります。様子を見ながら、ほどよい時間で次の動物に変身してあそびましょう。

アレンジ

いろいろな動物になってあそんでみましょう。少し難しいですが、「なまけもの」もおすすめです。ビーム（丸みのあるほうを上）は少し高めに設置します。あお向けになって下から抱きつくようにしてぶら下がり、全身の力を使ってゆっくりと進んでみましょう。

なまけもの

あそびを楽しむための

運動プロセス

あそびの組み立てポイント

保育研修会などで質問が多い、ボール、なわ、てつぼうを使ったあそびの組み立て例を紹介します。計画通りに進めようとせず、子どもたちの状況に応じて楽しみましょう。

ボール編

ボールあそびを中心にした組み立て例を紹介します。
入園や進級した春や生活に慣れてきた夏ごろのあそびにおすすめです。

5歳児　活動時間 **50分**　ねらい　転がるボールに素早く反応し、力加減を調節しながら、転がす・投げるを楽しむ

1. なんでもオニごっこ

➡ 022ページ

子どもたちのアイデアをいかし、テンポよくあそびを進めていく。様子を見ながら、新しいオニごっこをつくり、「集まる→オニごっこを考える→動く」をくり返し楽しみます。

2. きょうのオニはおとうさんです

指の体操 ➡ 024ページ

たくさん動いた後は、指先を動かし集中力アップ！　動き足りないときなどは、指の体操からオニごっこまであそんでもよいでしょう。

3. せんたくばさみかけっこ（短めに）

➡ 076ページ

１人１個ボールがあると、満足感が高まります。ボールへの興味を高めながら、子どもの「こんなところにはさんでみたい！」を実現しましょう。

4. びよよ〜んポンキャッチ

➡ 078ページ

説明は短いことばで簡潔に！　見本の動きを見せて、理解を深めてからあそびをスタート！

5. どんぐりキャッチ（2人組→からだトンネルバージョン）

➡ 074ページ

最初は２人組で、夏だったら「スイカゴロゴロキャッチ」など、季節に応じて身近にあるものの名前を入れるとイメージがふくらみます。その後、身体をトンネルに見立ててあそぶレベルアップバージョンであそんでみましょう。はじめは近い距離で達成感を味わってから、自分が転がしたい位置まで離れてみましょう。

6. ホイホイゲーム

➡ 079ページ

まずは、勝ち負けを決めずに、全身を使ってボールを勢いよく投げる動きを楽しめるように配慮しましょう。子どもたちの好きなBGMなどがあると盛り上がりますよ！

point **1** 子どもの様子、人数、天候、場所に応じて臨機応変に

人数や天候、季節、動く場所（広さなど）に応じて臨機応変にあそびを組み立てましょう。子どもたちの様子や発達、前後の活動内容によっても調整していくとよいですね。

point **2** 「動の動き」と「静の動き」をバランスよく組み込む

「動の動き」と「静の動き」（指の体操など）をバランスよく組み込むことで、緩急がうまれメリハリがでます。あそびの合間にはあそびの説明をして「静」を取り入れます。

point **3** 「やさしい動き」から「難しい動き」に発展

「やさしい動き」からはじめ、満足感や達成感による運動有能感を高め、「難しい動き」へと発展することで、子どもたちが意欲的に取り組む姿勢を引き出します。

4歳児

活動時間 **40分**

ねらい ボールを両手や片手で持ち、全身を使い勢いよく投げる

1. きょうのオニはおとうさんです

指の体操 （スピードアップバージョン） ➡ 024ページ

表情豊かに、声のトーンを変えながらうたうことで、子どもたちを惹きつけます。スピードアップしてあそんでみましょう。

2. ぼうしのせんたく屋さん

➡ 020ページ

活動しやすい広さで衝突しないよう配慮しましょう。狭い場所のときは、座ったまま逃げるなど、工夫するとよいですね。

3. いすバランス ➡ 072ページ

ボールの上に座ることで、バランス感覚を向上させます。

4. ホイホイゲーム ➡ 079ページ

「いすバランス」でボールに座りながら、簡潔にあそびの説明をします。勢いよく投げる動きの見本を保育者が見せてからあそびましょう。

5. ホイホイゲーム（ルール変更バージョン） ➡ 079ページ

ルール変更の話し合いをするときは、「いすバランス」で再びボールに座りながら行うと落ち着いて話が聞けます。「ボールに当たった子は応援する人になる」など、子どもたちと話し合いながらルールを追加していきましょう。

3歳児

活動時間 **30分**

ねらい ボールの感触を楽しみながら、転がり弾む特性を知る

1. だれのパン工場？

➡ 018ページ

移動しながら足をたくさん動かせるように配慮しましょう。

2. きょうのオニはおとうさんです

指の体操 ➡ 024ページ

まずは、親指・人さし指・小指を中心に、出しやすい指を動かしてあそびましょう。

3. ボールちゃんのマッサージ ➡ 071ページ

ボールの上にさまざまな体勢で乗り、バランス力の向上を意識しながら見守ります。「どこをマッサージする？」と問いかけながら、あそびを一緒に考えていきましょう。

4. たいこオニごっこ

➡ 070ページ

ユーモアたっぷりにあそびの説明をすることで、子どもたちのあそびに対する興味がより深まり、盛り上がります。

5. びよよ～んポンキャッチ ➡ 078ページ

「びよよ～んポンポンポンキャッチ」のようにボールが何回バウンドしてもOKです。自分のボールを目で追ってキャッチできるように配慮しましょう。

なわ編

なわを使ったあそびを中心にした組み立て例を紹介します。
友達関係も深まり、一人ひとりの成長を感じる秋ごろにおすすめです。

5歳児 活動時間 **60分** ねらい
- 仲間と共通の目的をもって動き楽しむ
- リズムに合わせて跳ぶ楽しさを味わう

1. きょうのオニはおとうさんです
指の体操（スピードアップバージョン）➡ 024ページ

同じ手あそびでも、声のトーンやスピード、難易度などに変化をつけることで飽きずに楽しくあそぶことができます。

2. なんでもオニごっこ
➡ 022ページ

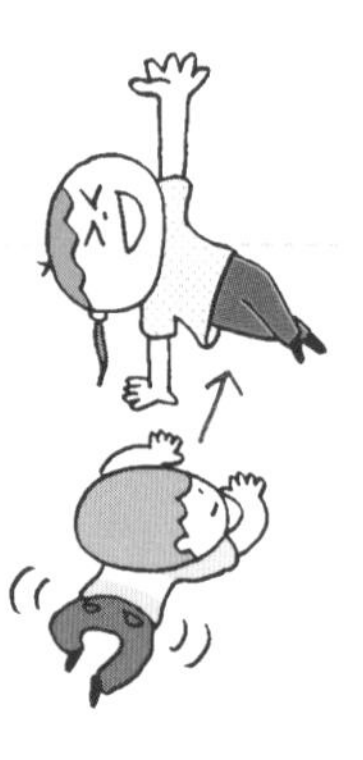

身近にある物や秋をテーマにしたオニごっこのアイデアを、子どもたちと考えましょう。自分たちであそびを進めていく楽しさを味わえるように、ヒントを投げかけたり意見をまとめたりしながらテンポよくあそびをつくることで、運動量がアップします。

3. 季節のうたでストレッチ
➡ 039ページ

全身を動かした後は、全員が2人組をつくるまでの間が休息時間にもなります。身体を休ませる時間も有効活用して楽しい雰囲気づくりを！　また、子どもが自分たちの力でペアをつくれるように急かさずに待ちましょう。

4. 「いってらっしゃい」ゲーム
➡ 094ページ

3で2人組ができているので、その状況を利用して2チームに分かれてもよいですね。例えば、2人で柿か栗を選んで、柿チーム VS 栗チームに分かれるなど。

5. 「いってらっしゃい」ゲーム（新しいルール）
➡ 095ページ

95ページのアレンジを参考に、子どもたちとルールを追加していきます。ルールを変更することで、あそびが変化し、その意外性があそびへの興味を高めてくれるでしょう。

6. おふろのじかんだよ
（背中〜くるくるマシーン）➡ 090ページ

まずは、やさしい動きの「背中をゴシゴシ」からはじめましょう。「くるくるマシーン」は、肩を痛めないように気をつけながら行います。身体のどこを洗いたいか、子どもたちに問いかけながらあそびましょう。

7. まねっこジャンプ＆自由時間
➡ 096ページ

まねっこジャンプでは「♪とんぼのめがね〜」のリズムに合わせて保育者と楽しさを共有することで、なわであそぶ楽しさを伝えましょう。自由時間では、思い思いになわあそびを楽しみます。

4 歳児

活動時間 **50分**

ねらい
なわの多様な使い方を知り、仲間と楽しく身体を動かす

1. きょうのオニはおとうさんです

指の体操 ➡ 024ページ

あそびに慣れてきたら、「今日のオニはだれですか？」と子どもたちに問いかけ、あそびを広げていきましょう。

2. ぼうしのせんたく屋さん

➡ 020ページ

「洗濯する人（オニ）」と「逃げる人」のやりたいほうを子どもたちが自分で選べるようにしてあそびを進めていくとよいでしょう。

3. 1・2・さんまでなわくぐり ➡ 092ページ

安心して活動ができるように、まずは見本を見せてあげましょう。簡単にできたら、「2人で手をつないでくぐれるかな？」と提案してみてもよいですね。

4. おふろのじかんだよ

（背中・おしり・足の裏ゴシゴシ） ➡ 090ページ

「やさしい動き」からはじめ、なわへの興味を高めていきます。

5. なわペンタイム ➡ 086ページ

自分のつくりたいものができたら、『とんぼのめがね』などの歌に合わせて、なわをジャンプしてもよいですね。

6. なわペンタイム（アレンジ・横断歩道） ➡ 087ページ

保育者がなわを並べて、横断歩道をつくります。「これは、なんでしょう？」と子どもたちに問いかけながら、手を上げて渡るまねをします。「みんなもお友達と横断歩道をつくってみよう！」と声をかけると、とっても長い横断歩道が完成するかも！

3 歳児

活動時間 **40分**

ねらい
想像する楽しさを味わいながら、なわへの興味を高める

1. だれのパン工場？ ➡ 018ページ

なわの上をジャンプしたり、トンネルをくぐったりと、パン工場へ到着するまでにいろいろな動きを組み合わせてみましょう。

2. ○○がキター！ ➡ 091ページ

何人かの子どもたちに手伝ってもらってあそび方を子どもたちに紹介してから、あそびをはじめましょう。

3. ワンちゃんのさんぽ ➡ 088ページ

「ワンちゃんのほかに、一緒に散歩したい動物はいますか？」と、問いかけながらあそびを広げていきましょう。その後、89ページで紹介している「ジュースで乾杯」でひと休みします。

4. なわペンタイム ➡ 086ページ

なわで好きなものを自由につくって楽しんだ後、「もっと大きくしてみよう！」と声をかけるとどうなるでしょう？　友達となわを合体させて、おもしろいあそびにつながるはずです。

5. 道路工事はじめま〜す

（なわバージョン） ➡ 060ページ

60ページでは、マットを使って紹介していますが、なわを使っても楽しめます。ジャンプをしたり、細い道をつくって歩いたり走ったりしてみましょう。

てつぼう編

てつぼうを使ったあそびを中心にした組み立て例を紹介します。
自分に自信をもち、友達とともに活動する充実感を感じる冬ごろに。

5歳児　活動時間 60分　ねらい

●仲間と一緒に動きを楽しみながら全身を動かす
●てつぼうにおなかを乗せ足を動かして楽しむ

1. なんでもオニごっこ

➡ 022ページ

オニが入れない秘密の部屋をつくったり、助けるときに3人組で助けるようにしたりと、ルールを増やしてあそびを広げていくと楽しいでしょう。

2. きょうのオニはおとうさんです

指の体操 ＋ オニごっこ ➡ 024ページ

複数の指を同時に出したり、小指から親指まで順番に出したりと難易度を上げていってもよいですね。

3. トラックずもう

➡ 036ページ

「はっけよーい　のこった！」というはじまりの合図と、「やめー！」という終わりの合図を出すタイミングがあそびのおもしろさに影響します。長すぎず・短すぎず、ほどよいタイミングを見つけ、押す動きを十分楽しめるように配慮しましょう。押すときは頭や首ではない場所を押すように伝えましょう。

4. コロコロレンジャー

➡ 034ページ

「トラックずもう」の2人組とは違うペアで活動することで、いろいろな友達と関われます。説明はあまりせず、動きが描いてあるイラスト（34ページ）を見せ、「さあ、みんなはコロコロレンジャーになれるかな？」と声をかけてみましょう。目的に向かって、自分たちで考えてあそびを進められるように配慮しましょう。

5. そうじきレンジャー

➡ 035ページ

ゆっくりとわかりやすく短いことばで動きを見せながら丁寧に説明します。役割を交代しながらあそぶことで、できた喜びを友達と共有できるでしょう。

6. こんなことできるかな？

➡ 103ページ

やさしい動きから提案し、「楽しい！」「やってみたい！」という意欲を高めましょう。人数やてつぼうの台数の関係で順番待ちの時間が長くなる場合は、サーキットあそびなどを組み合わせて工夫するとよいでしょう。

7. じてんしゃコギコギ＆自由時間

➡ 105ページ

両手で握り、ジャンプしておへそを自分の力でてつぼうに乗せられるように、てつぼうの高さを調節しましょう。力がついてきたら、少しずつ高くしていきましょう。やりたい技がある場合など、自由にあそべる環境をつくることで個々の満足感につながります。

4歳児

活動時間 50分

ねらい さまざまな動きを通して、てつぼうへの興味を高める

1. なんでもオニごっこ ➡ 022ページ

あそびのイメージがふくらむように、まず保育者があそびを提案してみるとよいですね。たっぷり時間をかけてあそびましょう。

2. ワニさんのおくち

ストレッチ ➡ 026ページ

「ワニさんが食べたいものはなんでしょう？」と問いかけ、子どもの想像力を引き出しましょう。

3. いろんなカタチ ➡ 032ページ

友達と目的をもってあそべるようにヒントを出しながら、子どもたちの創造力をいかしてあそびを進めていきましょう。

4. おんせんタイム

➡ 102ページ

「やさしい動き」からはじめ、てつぼうへの興味を高めます。人数が多い場合は、「いい湯だな～！」と言って交代するなど、工夫するとよいですね。テンポよく進めましょう。

5. こんなことできるかな？ ➡ 103ページ

おさるさんになりきって、見本を見せてあげましょう。子どもたちの「楽しそうだな！」という気持ちを引き出します。

6. じてんしゃコギコギ ➡ 105ページ

「こんなことできるかな？」で行ったあそびを引き続き楽しみたい子どもがいたら、やりたいあそびを選択できるようにしてあげましょう。

3歳児

活動時間 40分

ねらい 模倣あそびをしながら、ぶら下がる動きを楽しむ

1. ワニさんのおくち

ストレッチ ＋ オニごっこ

➡ 026ページ

ゆっくりとした動きからダイナミックな動きに変化（緩急）することで、意外性が生まれ、楽しくあそべるでしょう。

2. ぼうしのせんたく屋さん

➡ 020ページ

十分に走る動きを楽しんだら、逃げる体勢を変えて（座って逃げるなど）あそぶことで多様な動きを引き出しましょう。

3.「とまります！ おつかまりください！」

➡ 100ページ

くり返しが楽しいあそびです。子どもたちが発案した楽しい駅名をあそびにいかしていきましょう。

4. おんせんタイム ➡ 102ページ

てつぼうの高さが低いと、安心して楽しめるでしょう。活動がおもしろくなる声かけを意識して、くり返し楽しめるとよいですね。

5. こんなことできるかな？ ➡ 103ページ

自分にできる動きがあることで、自信につながり、運動意欲を高めてくれます。

おわりに

私は13歳のとき、「将来、中学校で保健体育の教諭になり、ダンス部の顧問になる！」と心に決めていました。

そんな気持ちを動かしたのは、18歳のときでした。9歳の頃から踊ることが大好きだった私は、短大でダンス部に入るつもりでいました。しかし、教員になるための実技試験にはマット運動があり、体育の時間でしかマット運動を経験したことがなかったので、教員試験の合格を目指し、マット運動ができる体操部に入ることにしたのです。

その体操の練習中に、「幼児たいそう」という世界があることを知りました。知れば知るほど魅了され、短大卒業後、「この園がいいな」と思える幼稚園で体操専任講師として働かせていただけることになりました。私の「せんせい」と呼ばれる生活は、20歳からスタートしました。

新人のとき、自分が先生であるということが恥ずかしかったことを今でも鮮明に覚えています。未熟さゆえに、「せんせい」と呼ばれることに申し訳なく思っていました。

しかし、かわいらしい子どもたちはもちろん、温かい保護者の方々や助言をくださる教職員のみなさまに囲まれて、「子ども」という存在の愛おしさ・楽しさ・おもしろさ、そして成長する過程を近くで見守れる喜びを感じながら、いつしか子どもを観察することで私自身が学びを得ていたということに気づかされました。

子どもたちとの関わり合いの積み重ねが、私を「せんせい」として導いてくれていたように感じます。この園で過ごした 11 年間は、私の大切な宝物です。

退職後、新たな環境で視野を広げ、今まで経験したことのない活動をしたい。そして、その経験が子どもたちに還元できることを信じ、2014 年、キッズと親子の体操教室「AMINASTIC（アミナスティック）」を立ち上げました。

この本を制作する機会をくださり、どんなことにも丁寧に対応してくださった鈴木出版のみなさま、身体表現の楽しさをイラストに込めてくださったイラストレーターのみなさま、日頃より私の活動を応援してくださっているアスク・ミュージックのみなさま、そして私を「あさみせんせい」と呼んでくださる全てのみなさまに感謝申し上げます。

森 麻美

森 麻美（もり あさみ）

たいそうインストラクター／
キッズと親子の体操教室「AMINASTIC」代表

日本体育大学女子短期大学部卒業。体操部に所属し、幼児体操に出会う。幼稚園の専任体操講師として 11 年間勤務。退職後、チャイルドカウンセラーの資格を取得し、誰もが楽しめる体操教室を目指し「AMINASTIC」を立ちあげる。現在は保育園、こども園での体操指導のほか、小学生の体操教室、園イベントや親子イベントを通し、身体を動かす楽しさを伝え続けている。

おもな作品
CD BOOK『あそびうたジャジャ〜ン!』
『あそびうたぴよぴよ』『あそびうたぎゅぎゅっ!』
あそびクリエイターズとして参加（すべて全音楽譜出版社）

カバーイラスト／原あいみ（京田クリエーション）
カバーデザイン／村田桃香（京田クリエーション）
本文イラスト／北村友紀、藤本けいこ
本文デザイン／倉持良子
本文DTP／ニシエ芸
楽譜制作／クラフトーン
編集担当／菊池文教、乙黒亜希子

楽しむことからはじめよう！
元気モリモリ森麻美の

2020年10月20日　初版第1刷発行

著　者　森 麻美
発行人　西村保彦
発行所　鈴木出版株式会社
〒101-0051　東京都千代田区神田神保町2-3-1
岩波書店アネックスビル5F
TEL 03-6272-8001（代）　FAX 03-6272-8016
振替 00110-0-34090
ホームページ http://www.suzuki-syuppan.co.jp/
印刷所　図書印刷株式会社

ISBN978-4-7902-7273-1 C2037　日本音楽著作権協会（出）許諾第2007592-001